# ¡La adolescencia se termina!

Guía para una buena convivencia
con tus hijos e hijas

**Dr. Antonio Ríos**

Plataforma
Editorial

Primera edición en esta colección: mayo de 2022
Quinta edición: enero de 2023

© Antonio Ríos, 2022

© de la presente edición: Plataforma Editorial, 2022

Plataforma Editorial
c/ Muntaner, 269, entlo. 1.ª – 08021 Barcelona
Tel.: (+34) 93 494 79 99
www.plataformaeditorial.com
info@plataformaeditorial.com

Depósito legal: B 7162-2022
ISBN: 978-84-18927-76-8
IBIC: VF

*Printed in Spain* – Impreso en España

Diseño y realización de cubierta:
Grafime

Fotocomposición:
gama, sl

El papel que se ha utilizado para imprimir este libro proviene
de explotaciones forestales controladas, donde se respetan
los valores ecológicos y sociales, y el desarrollo sostenible del bosque.

Impresión:
Podiprint

¡La adolescencia se termina!

*A mi madre Teresa, que me dio la vida
y me enseñó a vivirla y disfrutarla.*

*A Edu, con quien la comparto y la disfruto.*

# Índice

# *Introducción*

Si tú eres de esos padres que se asombran cuando su hijo comienza a cambiar y los mira con cara de: «¡¡Qué asco!!»...

Si tú eres de esos padres que se desaniman porque su entrañable niñito ya no les cuenta nada de su vida y se aísla en su habitación, sin compartir con ellos apenas algunos minutos en el día...

Si tú eres de esos padres que ya no disfrutan de un viaje con su hijo adolescente porque se queja de todo ¡¡y les da el viaje!!...

Si tú eres de esos padres que creen que su hijo adolescente ya no los quiere, que ya no le importan, que ya no disfruta con su presencia...

Si tú eres de esos padres a los que su hijo les dice que no vayan a verlo a ningún evento deportivo o cultural en el que él participe...

Si tú eres de esos padres que se quedan perplejos cuando comparan la adolescencia de su hijo con la suya y se dicen:

«¡¡Si a tu edad yo le hubiera dicho eso a mi padre o a mi madre, madre mía lo que me hubiera pasado!!»...

Si tú eres de esos padres que creen que lo que para ellos es lógico, obvio, evidente, claro y nítido lo ha de ser también para su hijo adolescente...

Si tú eres de esos padres que cree que ya no se pueden comunicar con su hijo adolescente y, si lo intentan, supone un conflicto lleno de «caras de asco»...

Si tú eres de esos padres que entran fácilmente al «cuerpo a cuerpo» con su hijo adolescente, agotando la poca energía que les queda después de todo el día.

Si tú eres de esos padres que están repitiendo constantemente normas, tareas domésticas, recordatorios escolares, etcétera, a su hijo, que les dice: «Qué pesado... ¡¡Ya voy!!»...

Si tú eres de esos padres que se quedan «perplejos» cuando fuera de casa les hablan de su hijo adolescente como de un hijo educado, respetuoso, cariñoso, colaborador, cercano y con buena conversación...

Si tú eres de esos padres a quienes su hijo adolescente les dice: «Me amargas la vida», «En casa no soy feliz», «Cuando tenga dieciocho años me pienso ir de casa»...

Si tú eres de estos padres...

**Has encontrado el libro que buscabas...**
**Este libro es para ti.**

Tienes ante ti un libro que puede ayudarte a saber, entender y comprender por qué se comporta así tu hijo adolescente. Un libro que puede ayudarte a aprender a acompañarlo y a convivir con él en estos años complicados, llenos de contradicciones, que supone la etapa de la adolescencia.

Lo escrito en estas páginas está basado en la experiencia clínica y educativa de más de treinta años tratando, escuchando, compartiendo, disfrutando, alegrándome y, en muchos momentos, sufriendo con familias y adolescentes. Está elaborado desde un criterio práctico, fácil de entender y útil, que pueda servir a cualquier padre que se acerca o que ya está inmerso en la adolescencia de su hijo.

Te propongo muchas sugerencias, propuestas, criterios, pautas, orientaciones... Haz uso de ellas según te sean útiles y se adapten a tu realidad y a la de tu hijo adolescente. La adolescencia de cada hijo es diferente, cada cual tiene una personalidad y unas características que lo hacen único e irrepetible.

Todos los padres que ya han vivido la adolescencia de sus hijos saben que se pasa, que termina, que se supera y que se deja atrás como un recuerdo que te hace esbozar una sonrisa o una mirada de perplejidad. «Se terminó... ¡¡Menos mal!!», dicen con alegría y un resoplido de «¡¡por fin!!».

Ojalá estas páginas te ayuden a atravesar los cinco años de la adolescencia de tu hijo con buen ánimo y esperanza, y que te hagan creer que también tú lo superarás y con buena nota.

¡¡Mucho ánimo!!

# 1.
# Tranquilo, tranquila...
# ¡Esto es normal y se termina!

Pocos padres os imagináis, o llegáis a visualizar, que vuestro niño encantador, feliz, contento, con ganas de jugar, que no para de hablaros, de contaros, que os busca para hacer cosas, que os mira y os escucha como su Superman o su Superwoman, que os tiene como su referencia, que se cree todo lo que le decís, que os hace caso y os dice con mucha frecuencia: «¡Cuánto te quiero, mamá/papá!»... va a cambiar, a transformarse, a metamorfosearse en «otro ser», en otro hijo que no reconocéis y que os lo cuestiona todo, que todo le molesta y de todo se queja, que no os escucha, que está en su mundo, en su habitación, que ya no quiere ir con vosotros a sitios donde antes le ilusionaba ir, que cuestiona vuestra comida (la cual le encantaba hasta hace unos meses), que os mira como diciéndoos: «¡Tú no te enteras!», «¡Tú de esto no sabes!», «¡Tú eres muy mayor (viejo) y no estás a lo que hay que estar!»... En definitiva, que tu niño tierno, cariñoso, amable y obediente se haya convertido en un ser nuevo para ti, que te mire con cierto desprecio, como perdonándote la vida, y, sobre todo, con cara de asco.

*«Ya no es mi hijo. ¿Qué ha ocurrido?», me preguntas.*
*«¿Qué ha pasado? ¿Tiene algún problema?»*
*«Venimos a tu consulta porque necesitamos que lo*
*veas y nos digas qué le pasa.»*

**Bienvenidos a la adolescencia... ¡Tranquilos!**
**Todo esto es normal, y lo mejor de todo**
**es que... ¡se acaba!**

La adolescencia, según mi criterio, es la etapa más compleja de la vida humana. De todos los ciclos de la vida humana es el más difícil, el que más cambios sufre en un breve periodo de tiempo, en el que más alteraciones se dan y en el que más conflictos y dificultades se producen. También es muy desconcertante, no solamente para los padres y los educadores, sino también para los adolescentes. También ellos están sufriendo, están desconcertados y viven múltiples cambios en su cuerpo, en su mente, en sus sentidos, en sus relaciones con los otros, en su visión de la vida, en los esquemas y los criterios que hasta ahora habían contemplado... Todo cambia dentro de ellos.

«¿Qué es la adolescencia concretamente?», me preguntáis... En esencia, la adolescencia es un ciclo evolutivo. ¿Y eso qué significa? Pues un ciclo viene a ser una etapa, que tiene un principio y un final, y a lo largo de ella suceden cosas. Comienza tras la infancia y luego le sigue la juventud, posteriormente viene la adultez y luego acontece la ancianidad. Entorno a los diez/once años aproximadamente va terminando la etapa de la infancia, para luego pasar ya a la preadolescencia y la adolescencia como un ciclo evolutivo, que viene a durar entre cinco y cinco años y medio, y termina al entrar en la primera juventud.

## La adolescencia, un ciclo evolutivo

Por lo tanto, la buena noticia que os doy es que la adolescencia tiene un principio y un final. Y esto significa **que se termina, que sí, que se termina**. Tranquilos, esto se acaba.

> *Recuerdo en una conferencia que un señor, en ese mismo momento, al inicio de esta, cuando les estaba hablando sobre la adolescencia y que esta se terminaba, levantó la mano y me interpeló: «¿Me puedo marchar ya?».*
>
> *Yo, sorprendido, le pregunté: «¿Ya? ¿Por qué?... Si estamos al principio de la conferencia...». A lo cual el respetuoso señor me espetó: «Mire, D. Antonio, si usted me dice que se termina, a mí ya me da igual aguantar un año, que dos, que cinco, que seis, pero... ¡¡que se termine, por favor!!, que yo no puedo aguantar con mi hijo en casa muchos más años. ¡Gracias por decirme que esto se termina!». A lo que le acompañó una sonora carcajada por parte de los asistentes, junto a un aplauso solidario.*

Y los que ya tenéis hijos mayores, los que tenéis hijos de veinte, veintiuno o veintidós años ya lo habéis comprobado, ya veis que, con el paso de los años, van entrando en una serenidad diferente, con otras características propias de la primera juventud, pero ya no es la adolescencia con los rasgos de los que vamos a hablar a lo largo de las páginas de este libro.

La adolescencia, en la mayoría de las ocasiones, la ves venir, intuyes que ya se está acercando esta nueva, divertida y problemática etapa. Suele comenzar tras un verano: comienza el nuevo curso y de pronto el niño, que había finalizado el curso anterior encantador, que te hablaba, te miraba con admiración, que hacía los deberes contigo, que te consultaba, que te tocaba, te ayudaba... se ha transformado. Ahora te mira de otra manera y desafía tus consejos y tus sugerencias. Ya no eres la persona idolatrada e idealizada que tenía durante la infancia. Ya no eres ni Superman ni Superwoman. Y, de pronto, solo encuentra defectos en tu persona.

*Recuerdo, mientras sonrío, el comentario que me hizo un señor en una sesión en mi consulta cuando, hablando del comienzo de la adolescencia tras un verano, me dijo: «Antonio, ¿un verano? ¡Qué va! Ha sido de la noche a la mañana literalmente hablando; se acostó como una niña y se levantó mirándome como tú dices... ¡Todavía sigo desconcertado!».*

*No pudimos más que sonreír juntos ante la realidad vivida por este paciente, echando intensidad a la «hoguera».*

¿Y cómo termina esta etapa? Pues también así, con diferentes conductas y actitudes que hacía cinco años no las veías, oías o contemplabas. Es decir, tu hijo empieza a ver normal el colaborar en casa alguna vez –no siempre, por supuesto–. Vuelve a gustarle la comida, a estar a gusto en casa, a que lo llamen los amigos y no salir corriendo a ducharse, vestirse y pedirte dinero para salir... Incluso te dicen: «Hoy no salgo, me quedo en casa», y ante tal decisión, tú «entras en trance». Termina así, volviéndote a ver como un padre normal y corriente que tiene que educar y acompañar a su hijo, y que tiene que seguir diciéndole que se haga la cama, que recoja la habitación, etcétera, pero que ya no se «rebota». Y entonces se vuelve a sentar en la cocina, en el salón..., vuelve a charlar contigo, te toca, te abraza... Y poco a poco te vuelve a decir que te quiere.

El ciclo de la adolescencia tiene una distribución concreta: no se desarrolla en línea recta, no comienza, se mantiene y desaparece... Tiene una distribución en «campana» o en

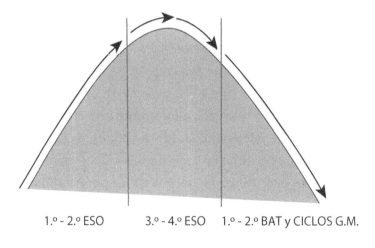

1.º - 2.º ESO      3.º - 4.º ESO      1.º - 2.º BAT y CICLOS G.M.

«montaña», y viene a coincidir en la mayoría de los casos con los años de los estudios de la enseñanza secundaria (ESO) y el Bachillerato, o con los ciclos de grado medio (CGM, antigua FP-1).

En las chicas suele comenzar un poco antes: ya en sexto de Educación Primaria comienzan con algunos de los rasgos que ya hemos comentado anteriormente. Los chicos suelen coincidir con las etapas que os describo en el gráfico. No obstante, siempre hay casos que se adelantan con la «adolescencia precoz», y con diez/once años ya están comenzando la adolescencia; y otros que no comienzan hasta que están en tercero o en cuarto de la ESO, que experimentan la «adolescencia tardía» y que alargan su adolescencia ¡¡hasta entrados en la universidad!! Ni que deciros tengo que la adolescencia de estos últimos es un poco más complicada, ya que los rasgos de la conducta desafiante del adolescente para afirmar su yo, cuando los desarrollan con dieciocho, diecinueve y veinte años, son muchos más intensos y contundentes.

*En ocasiones me preguntáis: «Tengo dos hijos y no se comportan igual en esta etapa. ¿A qué se debe?».*

Y suelo comentaros que cada adolescente vive esta etapa según sus rasgos de personalidad, junto a todos los núcleos de influencia que se confluyen en estos años. Pero es muy importante que descubráis los rasgos de su personalidad, ya que en ello se van a basar las diferencias entre un hijo y el otro.

La personalidad del adolescente viene a fluctuar entre dos grandes polos: el polo **rebelde** y el polo **sutil**.

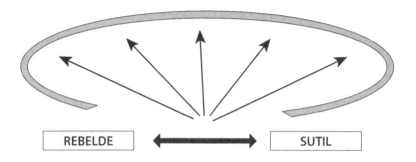

| REBELDE | | SUTIL |
|---|---|---|

En todo este abanico, entre el polo rebelde y el polo sutil van a entrar todas las posibilidades de rasgos de personalidad de vuestros hijos. El **rasgo rebelde** se caracteriza por ser una personalidad impulsiva y no reflexiva que invita a hacer, hablar y decidir sin pensar ni calibrar previamente. No tienen filtros o, como decimos en muchos casos, «tienen la mecha muy corta». Se quejan de todo, nada les parece justo y todo pasa a ser injusto, no están de acuerdo en nada, les des lo que les des, le concedas lo que les concedas, y aunque los favorezcas incluso en sus propuestas: TODO LES PARECERÁ INJUSTO. Se resisten a aceptar fácilmente el no como respuesta y, además, lo expresan con un lenguaje verbal, no verbal y corporal intensos: levantan la voz, no paran de moverse, gesticulan, mueven los brazos, lloran, tiran cosas, golpean puertas o muebles, se enfadan de modo muy evidente para dejar constancia de su malestar porque no se les concede, no se les otorga, no se les favorece, no se les da la razón... Este es el rasgo rebelde e impulsivo.

En el extremo opuesto nos encontramos con el **rasgo sutil.** El sutil es el que no te da problemas, es el que a todo te dice que sí. «Mamá, sí», «Papá, es verdad, tienes razón», «Sí, sí, haré la cama», «Sí, lo limpiaré todo», «Lo haré todo», «Lo recogeré todo», «Bajaré la basura», «Sacaré al perro», «Ordenaré», «Sí, no te preocupes, mamá, que antes de irme lo hago», «Sí, sí, sí, sí»... Y luego de pronto oyes un: «Me voy, hasta luego»; y la puerta se cierra: se ha marchado, sin problema, sin hacer casi ruido, sin generar conflictos... Se va, cierra la puerta y tú, ingenuamente, vas a ver cómo lo ha dejado todo ordenado, recogido, limpio y en su sitio... ¡Y zasca! ¡No ha hecho nada! Ese es el sutil... ¡Va a su bola!

El objetivo es el mismo que el del rasgo rebelde, los dos desean hacer lo que les da la gana, cuando les apetezca y sin que nadie los controle. Lo que pasa es que el hijo de rasgo rebelde lo manifiesta, lo expresa contundentemente, lo defiende, lo lucha... Y el hijo de rasgo sutil dice a todo que sí, todo le parece bien, a todo lo que le propones asiente afirmativamente, no crea conflicto «cuerpo a cuerpo», se calla, te escucha... Pero va a su bola, hace lo que le da la gana y consigue lo que quiere sin generar enfrentamiento contigo... Entre un polo y otro polo, en este abanico de posibilidades, ahí están todos tus hijos, todos. Puedes tener algún hijo que está más hacia la parte rebelde de personalidad; otros, más hacia la parte sutil; y hay algunos que están incluso en medio y se manifiestan de diferentes maneras según les interese.

De entre los dos polos de personalidad, el más complicado de llevar es el sutil porque no te enteras, y, si te enteras, es porque le ha pasado algo inesperado e imprevisto.

> *Cuántas veces no te has visto sorprendido con una llamada acerca de tu hijo que estaba «afectado por el alcohol» que había bebido, cuando a ti te dijo: «Yo no bebo, mamá».*
>
> *Cuántas veces no te ha hecho un comentario una amiga tuya, acerca de cómo iba tu hija vestida la tarde anterior, asombrada por el modelito que llevaba. A la que le respondes: «Pero si salió de casa monísima con su vaquero y su camiseta, con su mochilita...». ¡¡Claro!! ¡¡Monísima!!! Se fue a cambiarse a casa de una amiga, o como me confiesan a mí en las sesiones las adolescentes: «Antonio —me dicen—, nos vamos a un centro comercial y en los aseos amplios, con grandes espejos, allí nos cambiamos, ¡nos maquillamos y estamos "superguáis"!». ¡Ya ves, como la vida misma!*

Y tú creyendo que tu hijo, sutil, no te da problemas en la adolescencia...

No crean conflicto y no te dan ningún problema, pero hacen lo que les da la gana.

Por lo tanto, ¿qué hacer ante un hijo de rasgo sutil de personalidad? Con un hijo de rasgo sutil es muy importante que te asegures de que lo que le digas y le pidas lo haya hecho antes de irse. Confírmalo antes de decirle que ya se puede ir o antes de darle la paga económica que le suelas dar. Porque si no lo compruebas previamente, te dirá desde el pasillo que sí, que lo ha hecho, y abrirá la puerta y se marchará... Para luego comprobar tú que no lo había hecho. A su regreso, cuando lo abordes para recriminar su falta de compromiso con lo que dijo que había hecho y no hizo, suele responder con un mensaje tipo: «Es que me ha llamado urgentemente una amiga. Me tenía que ir corriendo, mamá... No te preocupes que luego o mañana lo hago». ¿Y tú qué le dices o qué haces? Pues eso... ¡Te quedas con cara de «me la ha vuelto a jugar»!

El rasgo rebelde suele ser más escandaloso, más dramatizado, más llamativo, pero... es más fácil de conducir porque como lo ves venir, sabes por dónde tienes o no tienes que ir, y si le das un poco de margen y lo provocas –esta vez sutilmente tú–, te va a contar y te va a dar mucha información sobre sus amigas, los lugares a donde van, lo que han merendado o bebido, lo que compraron y dónde entraron. Y te va contando las cosas porque no piensa lo que dice, lo va diciendo impulsivamente y, claro, luego se da cuenta de que te ha contado muchas cosas y que no ha controlado lo que te iba a contar.

Desde mi experiencia clínica y docente, y mi punto de vista psicoeducativo, la clave para entender esta etapa evolutiva es entender la adolescencia fundamentalmente como un proceso. Un proceso conlleva un tiempo, con un principio y un final, y en medio suceden cosas. De forma que el modo en que tu hijo entra en esa etapa y el modo en que sale de ella son diferentes, han cambiado, ya no son lo mismo... porque han ocurrido situaciones, experiencias y vivencias en medio, en el camino...

> *«¿Qué pasa en esos años de proceso, llamado "adolescencia"?».*

Pues que tu hijo ha estado diez o doce años cogido de tu mano, de papá y mamá, agarrado a ti y seguro; yendo donde tú decidías, divirtiéndose contigo, subido a tu regazo, tocándote la cara y mirándote como lo mejor que tenía en su vida... Y de pronto llegó a los doce y trece años y te dice: «¡Suéltame, suéltame!», «¡Me agobias!». «¡Pesado!», «Yo soy mayor, ¡¡déjame!!», «Yo quiero hacer lo que me dé la gana», «Yo tengo mi criterio, mis gustos, mis opiniones, mis deseos, mi forma de organizarme, mi forma de pensar y mi punto de vista, ¡¡y quiero decidir yo mi vida!!», «¡¡Pasa de mí!! ¡¡Pesado!!»... Y tú te quedas en *shock* preguntándote: «¿Qué ha pasado? ¿Dónde está mi niño que tanto me quería? ¿Dónde se ha quedado?...». No te desanimes, todo esto lo provoca el proceso evolutivo –primero hormonal, pero luego emocional, social, intelectual, de crisis de criterios y valores...–.

El adolescente vive y sufre un proceso en búsqueda de descubrir quién es. Porque **no** sabe quién es, ni lo que es, ni en qué o cómo va a acabar. Lo que **sí** sabe es que ya no es un niño, no es una niña. «Eso no, ¡eso ya no lo soy!».

A partir de ahora todo lo que era de niño, o todo lo que era de niña, ya no lo quiere. Ya no le gusta nada: ni la ropa que se ponía, ni la música que bailaba, ni la forma de hablar, ni la forma de pensar, ni la profesión que siempre dijo que le gustaría, ni el color de las paredes de su habitación, ni los muebles de su habitación ni tu comida.

> *Ocho años comiéndose la pasta que tú cocinabas, y que le encantaba a tu nene. Y de pronto llega a trece/catorce años y un día, frente al plato de pasta que tanto le ha gustado siempre, la mira y con el tenedor comienza a separar y a desbrozar los diferentes ingredientes con cara de... «¿esto qué es?».*
>
> *Preocupado, tú le preguntas por el estado de la pasta y te responde con un: «¡¡Qué asco!!».*
>
> *Lo único que puedes hacer es encajar el golpe que te dio con la derecha y recordar que a partir de ese momento ya nada será como antes... ¡¡¡Ya no son niños!!!*

Por eso es una etapa muy desconcertante y, en muchas ocasiones, tanto los chicos como los padres y madres andáis perdidos, confundidos, descubriendo cada cual quién es y cuál es su papel conforme se desarrolla la etapa. A la adolescencia se entra como niño y, tras cinco o cinco años y medio, se sale de otro modo, ya joven, afirmado, con tu sexualidad adulta, orientada, viendo a tus padres como personas de referencia que te quieren, te acompañan y te ayudan. Y entonces, si tienes hermanos más pequeños, te refieres a ellos comentando a tus padres: «Están insoportables», «Tienen un pavo que no veas».

*«¿Qué hacer entonces? ¿Cómo situarnos? ¿Cómo ayudarlos?», me preguntáis.*

El papel de los padres y los educadores en esta etapa es un papel activo, pero sin entrar mucho al campo de batalla. Son años de trinchera, de estar en casa con ellos, pero sin exponerte mucho a su presencia. Preguntándoles, pero lo justo, sin hacerte pesado, sin insistir, pero sin dejar de preocuparte por sus vidas, por sus gustos, sus ilusiones, sus proyectos, sus sueños, sus deseos, sus amigos, su música...; yendo a los eventos creativos en los que ellos participen, pero colocándote en la penumbra... Ya hablaremos de ello en la conducta paradójica del adolescente.

Ellos quieren andar solos, pero necesitan verte de lejos. Quieren que los lleves en el coche al instituto, pero que los dejes en la calle de abajo... Que los recojas por la noche, pero dos calles más arriba...

**Ellos te necesitan igual que cuando eran niños, pero te necesitan de OTRO MODO, no como antes.**

Hay tres actitudes básicas fundamentales en los padres para situarse con su hijo adolescente.

Hay que favorecer su independencia, su autonomía y su autogestión, de tal modo que terminen su proceso de adolescencia y salgan a la etapa de la juventud preparados para gestionar sus vidas cada vez más seguros. ¿Cómo puedes hacerlo?

Ayudándolos a que tengan su propio espacio físico. Sí, por eso está indicado que tengan su habitación, que la decoren, que la arreglen y que la cuiden también. ¡Claro, ahí tendremos un conflicto!

Es importante que respetéis también su espacio emocional. Dejadles que tengan su espacio y tiempo emocional; no atosigues, no insistas, no presiones, no quieras saber enseguida, no quieras que te cuenten de inmediato... Ya hablaremos de cómo comunicarte con un hijo adolescente.

Respeta su capacidad de aislamiento. Los adolescentes están viviendo un proceso de intimidad y de privacidad y tienen que aislarse, estar en su habitación. No suelen estar con vosotros, eso pasaba cuando eran niños... Ahora no; en todo caso, algún ratito se puede negociar para que estén con vosotros.

Deja que ellos estructuren y decidan su horario negociando contigo y asumiendo, claro está, las consecuencias de sus decisiones. Negocia la hora de salir y la hora de regresar, y si no lo cumplen, tiene que haber consecuencias. ¡¡Cuidado!! Consecuencias proporcionadas. Ya lo veremos en el tema de la responsabilidad.

Acepta que ellos van a pensar, sentir y opinar diferente a ti, que ellos no pueden pensar como tú, que eres un adulto treinta años mayor. Ellos han nacido en otra época, en otro momento cultural, evolutivo y social.

Favorece la originalidad; permite su ser original, pero dentro de unos límites. Ellos necesitan ser originales, por eso a veces se ponen ropa, accesorios o incluso pendientes, *piercings* o tatuajes para tener algo de originalidad. Eso se puede negociar, pero si no quieres que tu hijo se haga un tatuaje, no se negocia, no se hace el tatuaje y no hay ninguna posibilidad de que lo pueda hacer. Ahí necesitan tu firmeza.

Y, por último, favorece esa necesidad de negociar, porque es donde ellos pueden expresar su opinión, donde se pueden tener en cuenta sus planes, sus propuestas, etcétera. Esto les ayuda a sentirse mayores.

Y no olvides que lo mejor que tiene tu hijo, aunque no te lo creas y no te lo demuestre, **eres tú**. Ellos necesitan adultos que los quieran, adultos seguros, que estén a su lado con cierta distancia, que los contengan, que los orienten, que se interesen por sus vidas, pero sin agobiar, que los escuchen sin querer convencerlos, que los supervisen de lejos y que los recojan cuando se equivoquen o fallen. Tal vez, es la etapa de sus vidas en la que más te necesitan, pero de **otro modo** diferente a como te han tenido hasta ahora.

# 2

# Ni ellos mismos se entienden

Ni ellos mismos se entienden porque es una etapa de profundos cambios en todas las áreas significativas de su vida. Los cambios comienzan con la pubertad, que es el fenómeno fisiológico por el cual sus glándulas comienzan a producir hormonas sexuales y del crecimiento. Esta producción o despeño hormonal es la puerta de entrada a la adolescencia. Y ahí comienzan todos los cambios que voy a comentaros brevemente, para intentar que, al menos, alguien «los entienda».

**¿Cuáles son los cambios fundamentales que se producen en la adolescencia?**

El **primer cambio** es el que acontece en el **área física y sexual**. Ellos se dan cuenta de cómo su cuerpo empieza a cambiar, a expandirse, a desarrollarse a lo largo y ancho del universo, y... ¡¡claro!! Lo hace de una manera que no es uniforme.

No se van desarrollando de una manera armónica todos los órganos y extremidades al unísono. A veces se desarrollan antes los brazos y las manos que las piernas; o contemplan que su cara se empieza a ensanchar antes que el cuerpo, o ven que el pecho o la espalda se desarrollan antes que las piernas, y se miran en el espejo y se dicen: «¡¡Madre mía, ¿cómo voy a acabar yo?», porque se ven contrahechos.

Debido a estos cambios, están muy pendientes de su cuerpo, y más en la sociedad actual, en la que la imagen física es la «fachada» para el «éxito». Las chicas quieren ser monas y reflejar la mirada que la sociedad tiene de la belleza femenina, para que el resto las miren y piensen: «Mira qué mona» o sientan envidia de su imagen. ¡¡Amén de deciros que prefieren estar «antes muerta que sencilla»!!

Y los chicos quieren tener el vientre como una tableta de chocolate y se miran al espejo para ponerse chaqueta, quitarse chaqueta; ponerse camiseta, quitarse camiseta.... No quieren que se les vea «el michelín». A menudo no controlan con el uso de la colonia y salen por el pasillo dejando una estela de perfume que embriaga toda la casa.

Para ellos lo estético es el punto de mira de todos sus iguales, que son sus amigos, sus amigas o el resto de las adolescentes que los van a ver en la fiesta, en el patio, en la calle o jugando un partido del deporte que practiquen... Ellos no disponen de un regulador que puedan manipular y les indique su altura, su anchura, su volumen, su... ¿Cuántos chicos quisieran tener un cuerpo de otra manera? Infinidad de ellos.

Junto con estos cambios físicos que son fuente, para muchos de ellos, de angustia y de preocupación, les suceden los **cambios emocionales**. Es una etapa muy cambiante emocionalmente y en un momento pueden pasar de estar muy contentos y eufóricos a tener una sensación de desánimo, de tristeza, de pena, de llanto... Es una etapa de una gran inestabilidad emocional que a los padres os desconcierta profundamente y os hace sentir lo complicado y complejo que resulta acertar con vuestro hijo.

No resulta fácil estar a su lado en ese momento con esas fluctuaciones emocionales y acertar qué decir, qué hacer o cómo moverse.

*Recuerdo a una madre que me preguntaba: «Antonio... ¿Qué le ha pasado a mi hija? ¿Qué ha ocurrido? ¡¡No entiendo nada!!», me contaba con perplejidad.*

*«Estábamos mi hija de quince años, tercero de la ESO, y yo sentadas en el sofá viendo una serie que le gusta a ella, ¡¡claro!! Y yo allí... Pues eso, para estar, aprovechando que en ese momento le apetecía ver la serie conmigo. Estaba bien, cariñosa, simpática, cercana, estupenda... Y de pronto le digo yo: "Me voy a preparar un zumo, ¿te apetece tomarte un zumo, cariño?". Ella contesta en tono afable: "No, mamá, no, no quiero nada. Gracias". Por ahora todo fenomenal... Yo, contenta».*

*«Me voy a la cocina –prosigue la madre–, me preparo el zumo, tardo entre tres y cinco minutos y al volver al sofá... ¡¡ya me mira de otra manera!! Con la*

*cara de asco que comentas tú. ¿Qué ha pasado? —me pregunta la madre perpleja—. ¿Qué ha ocurrido? Yo... ¿Qué he hecho mal? ¿En qué me he equivocado?».*

Tú no has hecho nada ni te has equivocado en nada. El problema ha sido, sobre todo, que de pronto, en ese momento en que tú te has ido a la cocina, tu hija viendo la serie o alguna escena ha recordado algo que ha pasado en el instituto esta mañana, o resulta que el otro día le dijeron algo parecido a lo que han dicho en la serie, o le han enviado algún mensaje por WhatsApp en ese intervalo de tiempo, o ha habido alguna situación que ha pasado por su mente y la ha transformado y le ha cambiado toda su emocionalidad, y ya contigo no está igual, y ¡¡no te mira igual!!

Esta es la inestabilidad emocional propia de la adolescencia. En un día pueden pasar por muchos estadios emocionales, dependiendo sobre todo de lo externo, de los amigos, de los iguales... de su mundo social. Todos estos cambios, tanto físicos como emocionales, les provocan mucha mucha inseguridad, y ellos son conscientes de esta realidad, por esto en muchas ocasiones se agobian y lloran sin saber el motivo concreto que los lleva a ese llanto, tristeza, pena o infelicidad.

**El adolescente atenúa su inseguridad estando con sus amigos. Ellos son su fuente de seguridad.**

De ahí la necesidad constante de estar con los amigos. Para ellos sus amigos son su fuente de seguridad. Ya no sois vosotros, su padre y su madre. Vosotros sois también fuente de seguridad, pero una fuente de seguridad diferente. Sus amigos les proporcionan seguridad afectiva. Por eso los amigos son tan importantes, con ellos no pierden el tiempo como algunos adultos creen; con los amigos invierten su tiempo, y la mejor forma de invertirlo es estar con ellos. Y se pasan cinco horas ahí, en el parque, wasapeando con los amigos sentados a su lado.

Estar con los amigos es cuidar de ellos. Y por otra parte tener amigos es asegurar que lo quieren y lo aceptan, y eso les proporciona seguridad, serenidad y tranquilidad, y todo esto los estabiliza. De ahí la necesidad imperiosa de estar con los amigos, porque son una de las fuentes principales de seguridad más importantes en esta etapa.

Debido a todos estos cambios en su persona, en su desarrollo y en su mundo social, emocional, etcétera, experimentan una inestabilidad que es lo que más desconcierta a los padres. Esta inestabilidad los lleva también a tener **alteraciones de la percepción personal de sus capacidades** y algunos se ven capaces de conseguir cualquier logro académico o profesional, aunque estén suspendiendo siete u ocho asignaturas cada evaluación. Y otros, por el contrario, distorsionan la percepción personal, llegando a creer que, a pesar de su buen currículum académico, no van a aprobar, que no van a poder superar el curso o la EBAU. Ellos no están seguros y esto les provoca que alteren la percepción de sus capacidades, de igual modo que alteran la percepción de su físico.

**Otro de los cambios** claves de esta etapa es la **profunda confusión de emociones y de sentimientos asociados a la sexualidad**. Aquí aparece ya la sexualidad del adulto. Aquí aparece la sexualidad con todos los componentes que antes no han vivido en la infancia. Van a sentir por vez primera la atracción física, el deseo sexual, la necesidad de experimentación sexual, de la concreción del deseo sexual... Y esto les va a acarrear, por una parte, unas experiencias, sensaciones y emociones impresionantes y superbonitas; y, por otra parte, se van a encontrar con unas inseguridades tremendas.

Es la etapa en la que se enamoran y se desenamoran por primera vez; y por segunda y por tercera y por cuarta... Y así hasta que pasan los años...

> *Lo típico es encontrarte con situaciones como la que me contaba una adolescente en la consulta, y que hago mía su narración: chica de catorce años, en tercero de la ESO, yendo por el pasillo del instituto en dirección al aula de desdoble, de pronto se le cruza un chico de primero de Bachillerato, de dieciséis/diecisiete años; intercambian la mirada de tal manera que los corazones de ambos se «desdoblan» al unísono, y le late con tal intensidad que no le cabe en su tórax... La referida alumna llega a clase de matemáticas de desdoble con el corazón desdoblado...*

*«¿Qué hago con esta sensación que late dentro de mí?», se pregunta. Es la sensación del deseo, de la atracción, de la pasión... Y piensa: «¿A mí qué me importan las raíces cuadradas, las ecuaciones de segundo grado o las derivadas? ¿Cómo despejo las incógnitas: "¿le gusto?", "¿le hablo por WhatsApp?", "¿le digo algo en el patio?", "¿Lo miro, no lo miro?", "Y... si viene a mí y me dice algo, ¿qué le digo?"...». Estas son sus verdaderas ecuaciones para trabajar... Todo ello mientras el profesor de matemáticas sigue explicando las ecuaciones y las derivadas, e indicando los ejercicios que tienen que traer hechos para el próximo día.*

*Entonces, como no sabe qué hacer y está con esa inseguridad, allí en mitad de la clase, como si estuviera perdida en el océano del amor, ¿qué se le ocurre? Decide preguntar a una amiga, compañera de la clase de desdoble de matemáticas, que la nota intranquila...*

*Coge un papelito, porque no pueden sacar el móvil de la mochila, y escribe: «Fulanito, de 1.º de BAT me ha mirado en el pasillo. Yo creo que le gusto, ¿tú sabes algo?». Y lo dobla y se lo lanza a la compañera solidaria que la percibe intranquila. La compañera coge el papel, lo abre, lo lee y le sonríe picaronamente... Pero sin dar señales de saber algo. En este punto, el profesor de matemáticas ya ha señalado dos ejercicios para el próximo día.*

*La compañera, al no saber nada concreto sobre la incógnita que despejar, se encoge de hombros y escribe otro papelito con el fin de enviárselo a otra tercera compañera: «Fulanita dice que fulanito la ha mirado y que cree que le gusta. ¿Tú qué piensas? ¿Sabes algo?». Y así transcurre parte de la clase de desdoble de matemáticas, mandándose papelitos e intentando despejar incógnitas...*

*Al menos no dejan de aprender a «despejar» incógnitas de la ecuación.*

*Claro, al llegar a casa y preguntarle acerca de los ejercicios de matemáticas que han mandado para hacer en casa, te espetan un: «No han mandado nada», y en cierto modo tiene razón, no le han mandado nada porque no se ha enterado de nada... Pero el chico de 1.º de BAT ¡¡«era muy mono» y le ha desdoblado el corazón!!*

**Otro de los cambios** hace referencia a su **mundo social**. Si en la preadolescencia el fenómeno social es la constitución de pandillas amplias separadas por género, en la adolescencia esa pandilla se romperá y se harán dos o tres grupos y ese será ya su grupo, su pandilla pequeña de amigos y amigas, e incluso de ahí saldrá algún amigo o amiga más íntimo, su «amigo del alma», que decimos. Y todo ello porque desarrollan un deseo imperioso de sentirse aceptados por el grupo, por los amigos, por la pandilla...

De ahí surge esa necesidad de expansión que tienen, de estar fuera de casa, de estar constantemente con sus amigos. ¿Por qué? Porque estar con ellos significa sentirse aceptado y acogido, y esto calma su inseguridad personal. Con sus amigos pueden hablar, pueden discutir, pueden reír, pueden enfadarse, pueden reconciliarse..., y no dejan de ser amigos, y esto calma su inseguridad.

Ellos están en su mundo, y su mundo es su cuerpo –estéticamente hablando–, su móvil y sus amigos. Nada más. Al resto ni los ven ni los necesitan. Y ahí entráis lo padres y las madres: «No os ven», «No se dan cuenta de si estás cansado», «No están pendientes de tus necesidades»... Solo se miran a ellos... Es un **ensimismamiento, egocéntrico y egoísta** evolutivamente hablando, y que irá desapareciendo con la maduración propia de su ser... ¡¡Paciencia!!

**Otro cambio** importante y que perturba mucho a los padres es que en un porcentaje elevado los adolescentes tienden a **bajar su rendimiento académico**. No ocurre en todos los casos, pero sí en un porcentaje elevado de casos y que es origen de conflictos en las familias.

¿Por qué sucede esto, cuando en primaria eran estupendos estudiantes? Porque es una etapa en la que están tan tan tan polarizados en su aspecto físico, en su mundo emocional, afectivo, sexual y social, que muchas de sus capacidades cognitivas quedan relegadas, adormecidas y desplazadas por lo que realmente les interesa, que es su cuerpo estéticamente, su móvil y sus amigos. Y esto hace que descienda, en muchos de ellos, el rendimiento académico. No es un fracaso. Ni una pérdida de capacidades y de aptitudes. Es simplemente un desinterés por los estudios y su rendimiento académico.

**El descenso del rendimiento académico, repito, no es por pérdida de capacidades cognitivas o por problemas de aprendizaje, simplemente es como consecuencia de las interferencias que ocasionan los problemas y las situaciones por las que atraviesan en su mundo social, sus relaciones interpersonales, el despertar sexual, los afectos y los conflictos en el grupo de iguales.**

A esto hay que añadirle su preocupación por los preparativos ante eventos sociales y fiestas (cumpleaños, Halloween, carnaval, fiestas patronales, etcétera), todo esto les interesa más y despierta en su cerebro un interés mucho mayor que lo que están explicando en clase, los ejercicios que han de apuntar o el trabajo que han de realizar, etcétera. Están físicamente en clase, no molestan, pero, en muchos momentos, emocionalmente **no** están en clase porque están en su mundo... En el mundo que les interesa.

**Va a cambiar** también su futura **orientación profesional**. No tienen nada claro y cambiarán frecuentemente de posibles profesiones en función de lo que les motive emocionalmente. Igual un día te dice tu hijo, que está en tercero de la ESO, que quiere ser profesor de infantil porque han visto a un grupo de niños de infantil en el patio y le ha gustado mucho cómo les enseñaba el profesor de infantil, y a los tres meses te dice que quiere ser ingeniero aeronáutico porque ha ido a ver un documental y le ilusiona pilo-tar una aeronave al espacio, para luego decirte que quiere ser veterinario o biólogo marino para cuidar los delfines porque ha visto una película delfines que le da pena.

No gastes energías, no pretendas convencerlos ni que razo-nen de una manera lógica como un adulto acerca de su futu-ro. Su proceso de maduración no les permite ver a largo plazo. No gastes energías, tú diles que sí a todo... ¡Fenomenal! Aní-malos: «Tú estudia, prepárate, fórmate». «Vas a ser muy feliz haciendo esa carrera», coméntales... Y con el paso de los años irán decidiendo. Incluso los adolescentes que «tienen claro» lo que quieren estudiar de mayores te pueden sorprender a la hora de elegir la carrera con la nota de corte en la mano.

Y el último cambio que voy a referir es el **cambio de los valores ético-morales** que han tenido durante su infancia. En este sentido, los valores ético-morales de su niñez esta-ban marcados por los padres y su contexto educativo. Y ellos hacían o decían, pensaban o creían que una cosa era buena o no, adecuada o no adecuada, acorde a los criterios que los padres les habían dicho.

En la adolescencia han de elaborar su propio código de valores éticos y morales. Y esta elaboración va a ser compli-cada porque ya no cuentan solo con los padres o el centro educativo en el que han cursado la Educación Primaria. Ahora interviene, también, la sociedad en la que viven, en la que también vivimos nosotros. Y esta sociedad se parece poco a la que tú, padre o madre, viviste hace treinta años. Tus hijos son de esta sociedad del siglo XXI, de ahora, con todas sus ventajas e inconvenientes. Los adolescentes de hoy tienen que elaborar su propio código de valores éticos y morales y muchas veces rechazan el de los padres y madres como producto de la afirmación de su yo. «Yo soy mayor y hago lo que creo que tengo que hacer y por eso ese rechazo hacia todo aquello que de niños hacían con nosotros». No obstante, el padre y la madre siguen siendo las figuras de referencia para los temas importantes, y los adolescentes necesitan hoy seguir oyendo la opinión de sus padres acerca de los valores éticos y morales. Probablemente no los sigan en este momento, pero es la semilla que irá germinando en un futuro.

## Las dos grandes crisis en la adolescencia

A modo de resumen diría que hay dos grandes crisis (cambios) en la adolescencia:

1. la crisis de identidad
2. la crisis de autoafirmación

**La crisis de identidad** es la que sufren más ellos. Dejan de ser niños y pasan a ser «algo» que no saben en qué va a terminar. Todo lo que han vivido siendo niños, tanto física, emocional, sexual, social, familiar y académicamente, junto con los códigos de valores éticos y morales, cambia TODO... Todos los anclajes que han tenido durante once-doce años se mueven y se tambalean. De ahí viene la gran inseguridad que se produce y que calmarán estando con sus amigos y su móvil.

A los padres os repercute esta crisis también porque veis a vuestros hijos adolescentes sufrir, y veis que no están a gusto con su cuerpo, que no están a gusto con sus amigos, que no los quieren como ellos esperan, que ellos no coinciden con sus amigos en criterios, etcétera.

Pero la crisis que más soportamos y sufrimos los padres y los educadores es **la crisis de la autoafirmación**. O «crisis de la afirmación del yo de la personalidad».

Los padres y madres van descubriendo en sus hijos, desde pequeños, los rasgos de su personalidad. Esta personalidad, al llegar a la adolescencia, «eclosiona», «se abre y se expande» con un «Yo ya soy mayor», «Ya no soy tu niño, al que manejabas fácilmente» o «Yo soy mayor y quiero actuar como tal». Ellos sienten la necesidad de ser autónomos e independientes... De decidir sin contar con nadie, desafiando todas las normas, pautas, criterios, límites, etcétera. Y aquí comienzan los problemas...

**El adolescente desarrolla la afirmación del yo dentro de casa, frente a las figuras parentales de autoridad que sois los padres y las madres.**

Por eso os perciben como «enemigo que me amargas la vida», «porque no me dejas hacer lo que yo quiero».

Fuera de casa, en algunas ocasiones también se afirman; hay adolescentes tan desafiantes y con una personalidad tan rebelde que plantan cara a tutores, a profesores, a jefes de estudio, al director del instituto o del colegio, o incluso a la Policía.

Pero la mayoría fuera de casa contiene su afirmación. ¿Por qué en casa? Porque es donde más lo quieren y donde ellos se sienten seguros, queridos... Hagan lo que hagan, te vas a enfadar y te vas a cabrear, pero los vas a seguir queriendo. Esto es lo que ocurre y por ello se arriesgan.

Fuera de casa te dicen: «Es un encanto», «Qué maravilla de hijo tienes», te hablan «de sus bondades» acerca de su educación, de su saber comportarse, de cómo colaboran, recogen, limpian... ¡¡Y tú no sales de tu perplejidad!! ¿Por qué se comportan fuera de esa manera y en casa no? Porque no pueden afirmar su **yo** en casa de una amiga diciéndoles a los padres del amigo: «Hago lo que me da la gana y dejo las cosas donde me da la gana», ya que entonces se arriesgan a que los padres del amigo le digan a su hijo: «No quiero que tu amigo venga más a casa».

Pero en vuestra casa sí. ¿Por qué? Porque en casa saben que tú te enfadas, te cabreas, les dices mil perrerías, les das la brasa, les echas el sermón, los castigas, les retiras privilegios... Pero **no puedes dejar de quererlos**. ¡Y ellos lo saben!

¿Hay que dejarles hacer lo que ellos decidan y sin contar con nadie? ¡¡NO!!, ¡¡rotundamente NO!! Pero lo hablamos en el próximo capítulo.

*Ni ellos mismos se entienden*

## «LA ADOLESCENCIA COMO PROCESO»

En búsqueda del «SER NUEVO»

**CRISIS DE IDENTIDAD**

**CRISIS DE AUTOAFIRMACIÓN**

Proceso de **AUTONOMÍA**

Proceso de **INDEPENDENCIA**

# 3.
# No entres al cuerpo a cuerpo

Vivir con un hijo adolescente es vivir con el conflicto en casa. No se puede vivir con un hijo adolescente y no tener conflicto con él. Y ese conflicto va a variar de frecuencia y de intensidad, porque depende de la personalidad del adolescente, de su mundo emocional y afectivo, de sus amigos, de su mundo social, de sus necesidades e intereses... Y a la vez, también depende de la personalidad del progenitor con el que establezca la contienda y las habilidades de este para gestionarla.

Cierto es que hay hijos más dóciles y que **no** generan tanto conflicto. Te discuten, te plantan cara..., pero no son como otros hijos que son más conflictivos, más rebeldes, más impulsivos y con muy poco autocontrol. No obstante, hasta los hijos más fáciles de llevar llegan a un momento en que te plantan cara, te chulean y te discuten cualquier norma, opinión o criterio. En este tema, es importante que tú, padre o madre, que eres el entrenador de tu hijo para la vida, que eres quien lo acompañas, lo conduces y lo orientas, eres quien más tiene que aprender a gestionar el conflicto con tu hijo, conflicto propio de su evolución y maduración.

## ¿De dónde surge ese conflicto en la convivencia con tu hijo adolescente?

Por lo general, surge de la **crisis de afirmación del yo**, de la cual hice referencia al final del capítulo anterior. Es decir, de esa necesidad de expresar con firmeza su **yo**, es decir: «Lo que yo quiero, yo deseo o yo opino», «La ropa que me pongo», «La hora a la que salgo o regreso», «Cuándo uso el móvil», «Cuándo, dónde y cómo», «Los amigos que elijo», «Cuándo y cuánto estudio», «Si entrego o no los trabajos que he hecho»... De esta necesidad, porque ya se siente mayor, surge el **desafío** a todas las normas, límites, propuestas, sugerencias, orientaciones, criterios, opiniones, etcétera, de los padres, en un afán de sentirse mayor, autónomo e independiente.

Y esta afirmación del **yo** que lo llevará a **desafiarte** la expresará según sus rasgos de personalidad, esos que ya le has ido viendo desde que era pequeñito.

*En una ocasión, al finalizar una conferencia sobre la adolescencia, unos padres se acercaron y me preguntaron: «Antonio, tenemos un hijo que tiene ocho años y muchas cosas de las que has comentado acerca de la adolescencia mi hijo ya las manifiesta. ¿Esa conducta ya es adolescencia?».*

*Yo les respondí, sin querer preocuparlos mucho: «No, no es adolescencia. Esos son rasgos de personalidad», les dije yo. Y añadí: «Preparaos para cuando llegue la adolescencia, porque si con ocho años ya actúa así, cuando lleguen los catorce, los quince y los dieciséis, puede ser complicado, ya que sus rasgos de personalidad se van a afirmar».*

*Y les sugerí algunas pautas para poner en práctica a los ocho años y poder ir reconduciendo esos rasgos... Se fueron un poco aliviados.*

El conflicto surge de ese «YO ya soy mayor» y «QUIERO hacer lo que yo DECIDA con mi vida», sin contar con nadie. Esa necesidad de afirmar su **yo** provoca el desafío a lo que tú, padre o madre, le dices, le sugieres, le planteas, le solicitas, le... **Todo** lo van a desafiar, hasta lo que les parece bien y les gusta de lo que les estás diciendo lo van a desafiar y lo van a intentar devaluar.

No es que tu hijo o tu hija te odie. No, no te odia, sino que necesita afirmar esa necesidad de «yo soy mayor y puedo gestionar mi vida». Y de ahí surge el desafío a tus criterios, y discutirá todas las normas, todos los límites, las órdenes, las orientaciones, las obligaciones, las sugerencias... ¡TODO! Y esto lo harán según su personalidad. Anda con cuidado con los hijos sutiles... Apenas te discutirán, pero harán **lo que les dé la gana**.

El adolescente vive el conflicto contigo, padre o madre, como una lucha de poder, te echa un pulso, te desafía, te cuestiona... Es como que: «¿Quién eres tú para organizarme la vida? Yo ya soy mayor, ya no soy un crío. ¡¡No me trates como un crío!!», y te echa un pulso, y este es un pulso para ganar o perder.

Ya os adelanto que la estrategia para gestionar los conflictos con tu hijo adolescente, en la mayoría de los casos, va a ser la **negociación**, pero antes de abordar esta estrategia, que lo haré en el próximo capítulo, creo conveniente hablarte un poco más acerca de los conflictos y de cómo aprender tú, padre o madre, a gestionarlos.

Vivir con un hijo adolescente en casa es vivir una experiencia única. Para explicarlo, utilizo tres metáforas.

*Metáfora del toro bravo o morlaco*

Vivir con un hijo adolescente es vivir con un morlaco de 650 kilos que viene por los pasillos de tu casa a por ti. Y claro, cuando viene un morlaco de 650 kilos a por ti en casa, tú, padre o madre, ¿qué tienes que hacer? ¡¡APARTARTE!!

Pero... en algunas ocasiones, hay algún padre que decide torear al morlaco de 650 kilos. ¿Qué vas a torear? ¿A un toro bravo? ¡¿Adónde vas?! ¡Apártate y que pase! ¡Y tú vete y protégete! Pero no, hay algunos progenitores, especial o mayoritariamente madres, aunque no siempre, que deciden salir al pasillo con el trapo rojo en intentar torear al morlaco que te mira con ganas, te mira y entonces... **viene a por ti**.

¿Cuándo sale un padre con el trapo rojo al pasillo incitando al morlaco a ir a por él con el objetivo de torearlo? Pues simplemente cuando tú lo quieres convencer y vas a buscarlo para explicarle, para razonar, para que entre en razón, para que piense, para que diga, para que tenga algo de cordura... Y cuanto más «trapo rojo sacas», más te cornea... ¿Qué tienes que hacer cuando venga a por ti? Déjalo pasar y tú dile: «Ahora no puedo», «Estoy ocupado», «Tengo que hacer una llamada urgente»... Y te vas a otra habitación: al baño, a la terraza... a donde sea. ¡¡Que no puedes torearlo!! ¡Que no, que va por ti! **¡¡Vete, guarda el trapo y protégete!!!**

## Metáfora de la ola del tsunami

Vivir con un adolescente en casa es vivir como la ola de un tsunami que está ahí en la habitación. El adolescente está en su habitación, con la puerta cerrada, estudiando, escuchando música o en su mundo de intimidad. Y de pronto abre la puerta y **sale la ola**. Tú estás fuera, en casa, allí, descansando o leyendo, escuchando música, haciendo cosas de la casa con el pequeño o con la pequeña, haciendo deberes, viendo la tele... Cualquier cosa. Y de pronto sale el adolescente de la habitación como la ola de un tsunami y lo invade todo y a todos. A todo el mundo altera, a todo el mundo lo pone boca arriba o boca abajo. Moviliza a todo el mundo, incluida la mascota, y... cuando lo ha movilizado todo, ha alterado a todos y ha puesto nerviosos a todos... desaparece la ola y se va a la habitación otra vez. El impacto de su presencia es impresionante.

## *Metáfora de la pared de frontón*

Vivir con un adolescente en casa es vivir como en una pista de frontón. Ellos son la pelota y tú eres la pared. El adolescente necesita una pared contra la que lanzarse una y otra vez... Te discuten, te contradicen, te ningunean, te rebaten, te lanzan sus opiniones inmaduras –pero suyas–, te rebotan, te ignoran... Y tú eres la pared que aguanta todos estos lanzamientos... ¿Por qué? Porque ellos necesitan afirmar su opinión, lo que quieren, lo que sienten, lo que piensan..., aunque sea totalmente inmaduro. ¡¡Necesitan decirlo!! Y la pared contra quien lo lanzan... eres tú. Y esto cansa, agota, duele y te deja exhausto, porque te desafían todo el día. De ahí mi sugerencia: «Vete, coge distancia y protégete», no quieras estar mucho tiempo con tu hijo adolescente, porque antes o después surgirá algo o se acordarán de algo o sucederá algo que active su **afirmación**. Por lo tanto, acuérdate de que eres tú, padre o madre, el que tiene que aprender a situarse con el hijo adolescente fundamentalmente.

## Algunas sugerencias ante los desafíos de tu hijo adolescente

1. En los temas de opinión (que no haya que negociar nada), no gastes energías intentando convencerlo. No entres al **cuerpo a cuerpo**. Es decir, no te pases mucho tiempo intentando razonarle, argumentarle, convencerlo, hacerle ver las ventajas de tu propuesta... en una escalada de descontrol, en la que se va subiendo el volumen de la voz, el tono se distorsiona, los gestos se magnifican y los términos van subiendo de intensidad... ¡Hasta que tú terminas agotado! No lo intentes convencer... ¡¡No lo conseguirás!!

   Tu hijo adolescente necesita oír tu opinión, tu punto de vista, tu criterio, tus orientaciones, tus gustos..., pero **¡no para cumplirlos!** Saben que tu opinión es la mejor opinión, el mejor criterio, el mejor punto de vista, pero... no lo van a seguir ni lo van a llevar a cabo porque, entonces, no tendrían opinión propia, criterio propio, gustos propios... y esto no se lo permite el proceso de la afirmación de su YO.

2. Selecciona bien los motivos o temas por los que vale la pena entrar en conflicto con tu hijo adolescente. Lo más probable es que, como no selecciones, puedas pasarte el día entero, desde que se levanta hasta que se acuesta, discutiendo y rebatiendo tus criterios, normas, propuestas, etcétera, y tú perdiendo los nervios.

3. Aprende a irte, a controlar, a no entrar a sus provocaciones (producto de la afirmación de su YO). Expresa tu opinión, di lo que tú consideres necesario brevemente y vete. No te quedes esperando un diálogo entre adultos. Tu hijo adolescente no es un adulto.

4. Si hay que negociar algo, céntrate solamente en la negociación. Si no le es favorable la negociación, no te dejes llevar por otros temas u otros comentarios que harán para provocarte y crear un ambiente complicado y así argumentar que no se puede hablar contigo e irse.

5. Sé astuto y utiliza tu inteligencia:
   - No estés constantemente pendiente de lo que hace tu hijo adolescente.
   - No estés atento a los ruidos que hace, si sale de la habitación, adónde va...
   - No le preguntes nada si sale de la habitación.
   - No le hagas comentarios acerca de si ha estudiado o no.
   - No le recuerdes lo que tiene que hacer.
   - No agobiar hasta hartar. No seas «¡¡¡tan pesado!!!».

6. Si ves a tu hijo enfadado, serio, triste, preocupado..., **no insistas** en que te cuente lo que le pasa. Hazle saber, solamente, que lo ves serio o preocupado y nada más... Respeta su necesidad de aislamiento, del cual saldrá cuando lo crea conveniente.

7. Si el que está alterado eres tú, padre o madre, lo mejor es que no te expongas mucho a la presencia de tu

hijo, y si viene a por ti..., exprésale con serenidad que no es el mejor momento para hablar o negociar algo. Que ya lo haréis más tarde. Y como te dirá que es urgente... entonces le dices que solo hay dos urgencias en esta vida: las hospitalarias y las de incendios. Aplaza el hablar con él para una hora concreta más tarde, esto te tranquilizará.

8. No los compares con nadie. Ni aceptes que te comparen a ti con nadie tampoco.

9. No digas nada que no puedas cumplir tú. Lo que digas lo tienes que cumplir. Piensa antes de hablar. Si no, corres el riesgo de desprestigiarte y tu palabra perderá autoridad.

10. No aceptes ningún chantaje. Si aceptas uno, ellos lo utilizarán como estrategia frecuente para conseguir lo que quieran. Con miedo, pena o lástima **no** se puede educar. Tú, padre o madre, eres el entrenador para la vida de tu hijo adolescente. Necesitan figuras seguras, serenas y con temple.

Y si un día tu hijo adolescente te dice: «Digas lo que digas, voy a hacer lo que me dé la gana», ¿qué puedes hacer? ¿Qué puedes decir? En esta situación, antes de decidir lo que vas a decir o a hacer, tienes que sopesar y tener en cuenta diferentes variables:

1. **La personalidad de tu hijo.** Si posee una personalidad muy determinada, muy decidida desde pequeño,

y tú sabes que va a hacer lo que está diciendo; si tiene rasgos de líder, **te interesa no entrar al cuerpo a cuerpo ni desafiarlo.**

2. **El proceso de afirmación del YO que esté realizando.** Si necesita afirmar constantemente su YO, su opinión, sus decisiones, sus gustos, sus criterios, etcétera, y esto lo hace de un modo muy intenso y con mucho desafío, **no te interesa entrar al cuerpo a cuerpo.**

3. **El contexto de amigos, de «iguales» que tenga tu hijo.** Si es un contexto que hace que se retroalimenten entre ellos, que fomenten el desafío, que se apoyen incluso cuando mienten para protegerse, **no te interesa entrar al cuerpo a cuerpo.**

4. **La actuación de los padres «en equipo».** Si los padres no actuáis en equipo, consultándoos y consensuando las decisiones y las pautas educativas de los hijos y apoyándoos en las negociaciones, sin desautorizarse ni devaluarse delante de los hijos; si no actuáis en equipo, **no te interesa entrar al cuerpo a cuerpo.**

5. **Contar con la posibilidad de que vuestro hijo esté consumiendo alguna sustancia**, como marihuana, hachís y derivados, anfetaminas, etcétera, porque provocan un trastorno de conducta desafiante. En estos casos, **no te interesa entrar al cuerpo a cuerpo.**

¿Qué hacer, entonces, en estas situaciones tan desafiantes? Desde mi experiencia clínica, en estas situaciones te aconsejo:

- Intenta controlar tus impulsos. Eres el adulto.
- No entres en una escalada en espiral de amenazas, reproches, insultos...
- Párate e intenta calmar las emociones y **negocia** las propuestas que te haga tu hijo. Si no te encuentras en condiciones de poder negociar porque estás alterado emocionalmente y no consideras que sea un momento adecuado para escucharos y negociar, comunícale que no te encuentras en condiciones y que lo habláis un tiempo más tarde; concreta la hora.
- Escúchalo, no cierres tu mente a lo que te está diciendo, proponiendo y comentando tu hijo adolescente. Acuérdate de que, posiblemente, «digas lo que digas, va a hacer lo que le dé la gana». Y esta actitud o decisión de tu hijo no se para ni se gestiona con la violencia.
- Negocia, negocia y negocia...
- Aunque siempre habrá situaciones o propuestas que son **innegociables**, y en estas situaciones tendrás que mantenerte firme en tu postura o decisión. Si estáis los dos progenitores, lo más adecuado es actuar en equipo, sin desautorizaros ni cuestionaros, y soportar «el efecto rebote de vuestra negativa a la propuesta innegociable» **sin intentar convencer** a vuestro hijo. Manteneos firmes en vuestra postura, sin discutir ni entrar en escaladas, ni quererlos convencer.

No te olvides de que tu hijo, por mucho que te desafíe, te conteste, te discuta o te cuestione, lo hace desde un proceso psicológico de afirmación de su *YO*, que le dice que es mayor, que tiene su opinión y criterio propios y que necesita expresarlo con firmeza. Y si te agotas..., te sugiero que reserves, en tu economía doméstica, dinero suficiente para irte, cada mes y medio o dos meses, a un lugar de relax con *spa* y reponerte de la contienda. ¡Mucho ánimo!

# 4.
# No te vuelvas «loco»
# porque no entiendas nada

Es muy importante que un padre que conviva con un hijo adolescente sepa que vive con un ser en crecimiento y en constante cambio, con una fluctuación emocional permanente, inseguro y necesitado de aprobación por parte, especialmente, de sus iguales. Un ser en crecimiento que no es lógico, que no es coherente ni consecuente con lo que ha dicho unos minutos o unas horas antes, que puede actuar de manera ambivalente según sus intereses, que puede llegar a mentir de manera estratégica para conseguir sus objetivos, que le puede más su mundo emocional que su mundo racional...

Tu hijo adolescente se debate entre lo emocional y lo racional. ¿Qué quiere decir esto? Pues que, por una parte, él sabe lo que tiene que decir o hacer como adolescente que es y, por lo tanto, cómo debe actuar, reaccionar, responder y hablar como tal, y no como el niño que era. Pero, por otra parte, late dentro de él su mundo emocional, todavía inmaduro, necesitado de tu aprobación, de tu amor, de tu cercanía, de sentir que te importa y que te interesa su vida y lo que sucede en ella..., PERO... nunca te lo hará saber. No te olvides de ello.

Producto de esta ambivalencia entre lo racional y lo emocional, surgen las conductas paradójicas del adolescente. ¿A qué hacen referencia estas conductas paradójicas? Pues, por un lado, hacen referencia, especialmente, a las conductas (verbalizaciones, comentarios, reacciones, desplantes, desprecios, descaros, rechazos...) que en un momento determinado puede dirigir hacia ti tu hijo adolescente, y que realiza como consecuencia de la afirmación de su YO y en aras de: «Yo ya soy mayor y no quiero que me trates o te comportes conmigo como si yo fuera un niño». Y, **paradójicamente**, por otro lado, hacen referencia a los sentimientos y las emociones que ellos sienten en su interior hacia ti: de necesidad, de cercanía, de aprobación, de validación... y que chocan con las conductas racionales a las que he hecho referencia y que emiten porque «ya soy mayor».

**Racionalmente** tienen que decir o actuar de una manera y **emocionalmente** sienten de otra, pero esta última no te la dirán ni te la harán saber... «Él **piensa** que no te necesita porque ya es mayor», pero «**siente** la necesidad de que estés en su vida, que lo atiendas, lo quieras, lo cuides, lo protejas, te preocupes por él, vayas a verlo actuar, jugar, cantar...». Pero no lo te lo dirá ni te lo pedirá; y más aún... te hará saber o creer lo contrario... «¿Para qué tienes que ir? ¿Por qué me preguntas tanto? Parece un interrogatorio...». De este modo tú, padre o madre, te sueles quedar más con lo que dicen, en lo que te insisten..., pero tienes que saber que detrás de lo que dicen hay una dimensión, que es lo emocional, lo que sienten, lo que les gustaría, y **esto no te lo dirán**. Lo tienes que intuir o saber tú.

> **Te dice lo que piensa o lo que tiene
> que decir porque es mayor, pero no te dice
> lo que siente, desea o espera, porque esto
> es de niños.**

Y este es el objetivo de este capítulo: aprender y saber que tu hijo adolescente no te dirá lo que siente, lo que le gustaría o lo que espera de ti. **No te lo dirá.** Decírtelo significa que sigue siendo el niño que era en años anteriores, que te lo decía todo y lo pedía todo sin problema.

Te hablo de algunas de las conductas paradójicas más frecuentes:

1.  Por ejemplo, si al llegar del instituto o del colegio, o de salir con los amigos, tú le preguntas a modo de interrogatorio, interesándote por cómo ha ido, dónde han estado, qué han hecho, qué han comido o merendado, quiénes iban, qué tal lo han pasado..., tras varias respuestas en modo monosílabo, te suelen decir: «¡¡No me agobies!! ¡¡No me preguntes!! ¡¡Parece un interrogatorio!! ¡¡Déjame en paz!! ¡¡Ya me estás controlando!!».

Tú te dices: «Bueno, bueno, no te pregunto más. ¡¡Vale!!».

Piensas: «Madre mía, ¡¡cómo se pone!! ¡¡Cómo reacciona!! Y todo por interesarme por él».

Decides: «Pues para ponerse así, no le voy a preguntar cuando vuelva y me ahorro el "chorreo" de quejas que me lanza».

Pasan varios fines de semana, van y vuelven, entran y salen, y tú no le preguntas... Y un día te dice por el pasillo en voz alta: **«Como tú pasas de mí...», «Como ya no te importo...».**

A ver... si le pregunto, mal porque lo agobio y lo controlo... Y si no le pregunto, mal también porque paso de él y no me importa su vida. «¿Qué hay que hacer?», me suelen preguntar los padres...

Te respondo: preguntarles, siempre preguntarles... pero **solo tres preguntas**, a la cuarta ya lo agobias. No te quedes en el «no me agobies, no me preguntes, no te intereses por mí», acepta el monosílabo como respuesta y pregúntale, interésate por él. **No dejes de preguntar**, porque hacerle dos o tres preguntas, sin interrogatorio, es lo que entienden ellos como que «le importo», «le intereso» o «está pendiente de mí».

Él te dice que no le preguntes, que no lo interrogues, que no lo agobies, pero también te está diciendo que no lo olvides y que te intereses por él. Pero eso no te lo dice, te dice: «No me agobies, no me preguntes, no me interrogues tanto».

**LO RACIONAL**
No me agobies,

PERO...

**LO EMOCIONAL**
no me olvides

2. Otra de las grandes paradojas es cuando te dicen: «**No vengas a verme ya**» a ninguna cosa o evento en el que él participe en público: a ningún festival, a ninguna representación de teatro, a ninguna audición musical, a ningún deporte, a ningún campeonato ni a nada. «**No vengas a verme porque no va ningún padre de secundaria.**» «Van los padres de primaria o de infantil, pero no van los de secundaria y no va nadie, no va nadie», insiste. Y se dicen...: «¿Para qué tienes que ir? Si ya soy mayor».

De hecho, te dicen: «Llévame (al polideportivo, al campo, al teatro, al auditorio...), pero me dejas una calle más abajo o dos calles más abajo. Ya voy andando yo» (porque así es como van los mayores, andando con la bolsa colgada al hombro y por la calle...).

«No vengas a verme, porque no va ningún padre de secundaria.» Pero luego salen al terreno de juego, a la cancha o al escenario y miran a ver si estás, y si, por esas decisiones acertadas que tomas, acudes y te localizan en la grada o en el patio de butacas..., te miran con «cara de asco», con cara de «¿qué haces aquí?». Esto es lo paradójico... Por una parte, te dicen: «No vengas a verme», pero al mismo tiempo esperan verte allí. Y cuando te ven... te ponen la cara de «¡¿qué haces aquí?!».

¿Con qué te quedas? **Siempre con lo emocional**... Pero no te lo dirá. Por eso hay que ir a **todo** lo que haga o en lo que participe, pero **de otro modo** a como ibas cuando era niño. Hay que ir a todo lo que haga tu hijo porque verte a ti allí conlleva implícito un mensaje emocional sobre él: «Yo le

importo a mi padre –o a mi madre– y le sigo importando»
(aunque racionalmente te haya dicho que no quería que
fueras porque no iba nadie). Eso sí, has de ir, pero de «**otro
modo**» diferente a como ibas cuando era niño. Si vas al teatro... ponte de la fila diez para atrás, en la penumbra, pero
que te pueda localizar. ¡¡Y no le tengas en cuenta la cara que
te ponga!! Si vas a un partido, ponte en lo más alto de la grada... A lo lejos... Pero que te pueda localizar... Que te vea de
lejos, no cerca de él como cuando era niño. Así, desde la lejanía, disfruta del juego de tu hijo, ¡¡y ya está!!! ¡¡Y no le tengas en cuenta la cara que te ponga!! Si sale al escenario, a la
cancha o al campo, y tras una ráfaga visual **no te localiza**, tu
hijo adolescente entiende que no te importan su vida, sus
cosas, sus deportes, sus *hobbies*...

**Hay que ir a todo y estar en todo lo que participe
tu hija, pero... DE OTRO MODO.**

En muchas ocasiones, al finalizar el partido, la audición, el
festival, la obra de teatro o la muestra artística, los padres
deseáis bajar al terreno de juego, subir al escenario, acudir
a felicitar a vuestro hijo por su fenomenal actuación e, ingenuamente, creéis que ellos se van a alegrar al veros ir por el
pasillo central camino del escenario, o bajando las escaleras
en dirección a la cancha... Disculpa que frustre tus expectativas, pero ellos piensan: «Viene mi madre o mi padre hacia
el escenario –o la cancha–... ¡¡Qué vergüenza!!», y corre ha-

cia las bambalinas o el vestuario. ¿Por qué? Porque ellos sienten el riesgo de que subas al escenario o llegues a la cancha y delante de todos los abraces y les des un beso de enhorabuena. «¡¡Madre mía, qué vergüenza!!», es lo que hacías cuando eran niños.

Otra cosa es que acaben la representación, la audición, el festival, el campeonato o el partido y tu hijo vaya a buscarte o te invite desde lejos a subir al escenario o a bajar a la cancha. Entonces **sí, tú acude a su encuentro**. Pero si no te busca o te invita a acudir, tú no vayas. Tú, quieto. Y si no viene a por ti ni te invita a acudir y te mira desde lejos como ignorándote, despidiéndose de ti, entonces tú lo saludas desde la penumbra o desde la última grada y le dices con la mano: «Cariño, me voy. Hasta luego». Y ya está. Se acabó.

Porque el mensaje importante es que te hayan visto allí. Y ese mensaje conlleva un mensaje emocional: «Yo le sigo importando a mi padre o a mi madre, aunque suspenda, apruebe, llegue tarde o deje la habitación sin recoger. Están aquí». Este el gran mensaje emocional, aunque ellos te pongan la cara de «asco».

**LO RACIONAL**
No vengas a verme,          PERO...

**LO EMOCIONAL**
estate allí

3. Otra conducta paradójica, y de las más frecuentes, es la de la presencia en casa del padre o de la madre cuando ellos están en la habitación. Él está en la habitación, estudiando, acompañando a los libros, escuchando música, navegando por Internet... Y tú, como madre o padre, entras a dejar los jerséis que has doblado, o a llevarle un zumo, o a dejar las sábanas nuevas, y de paso «miras y controlas un poco qué está haciendo»... Él, que no es tonto, se da cuenta de tu última intención y te contesta, **racionalmente**: «¿Qué haces aquí? ¿Para qué entras? No entres, vete. Ya está bien. ¡¡Siempre controlándome!!». Y tú te dices: «Pues nada, pues no entraré. Así no tendré que soportar sus respuestas displicentes y sus enfados».

No obstante, **emocionalmente** también te está diciendo: «Estate en casa, no te vayas de casa, no me dejes solo». Has de seguir estando igual que cuando era un niño, pero **de otro modo**. Y esto es lo que ellos **no te dicen**. Esto es lo paradójico: «No entres en mi habitación, pero estate en casa porque yo necesito oírte por casa», y de vez en cuando entra, aunque yo te responda inadecuadamente. De hecho, si él ve que no entras en su habitación, se dice a sí mismo: «¡¡Qué raro, qué raro!!». Y entonces, te llama en voz alta: «¡¡Mamá, papá!!». Y tú le respondes: «Sí, ¿qué quieres?». Él contesta: «No, nada, nada...».

¿Por qué responde así? Porque lo que está esperando es que tú, madre o padre, sigas estando ahí. Ellos necesitan que estés ahí, pero **de otro modo**, diferente a como estabas cuando era niño. Cuando era niño entrabas en su habitación, hacíais los deberes juntos, jugabais... Ahora ya no, ahora ya es mayor, pero... sigue necesitando a su padre y a su madre en su vida, pero **de otro modo**.

De hecho, en algunas ocasiones, tu hijo te llama desde la habitación y tú no lo oyes o no le has contestado. Entonces, si no obtiene respuesta, sale de la habitación y va buscándote por la casa y abriendo las puertas de las diversas estancias sin localizarte, hasta que al final abre la puerta del salón, te ve, te mira y con gesto de condescendencia te dice: «Míralo. ¡¡Qué bien vives!!». Y piensa para sus adentros: «Yo estudiando y mi padre –o mi madre– viendo la tele, leyendo o con la tableta... ¡¡No es justo!!». Y se da la vuelta y se va a la habitación tan tranquilo. ¿Por qué hace y piensa esto? Porque tenía que confirmar que tú estabas ahí y que estás en su vida, que estás en casa y que, si necesita algo, puede salir de su habitación y encontrarte, pero **«no entres en mi habitación»**.

Y en alguna otra ocasión puede ocurrir que salga de la habitación y no te encuentre porque te has ido, porque has aprovechado para hacer alguna gestión... Y entonces ¿qué hace? Pues que ¡¡te llama por teléfono!! Y te pregunta: «¿Dónde estás? ¿Vas a tardar mucho en venir?». Y tú le contestas: «Pero ¿ha pasado algo?». Y finalmente te responde: «No, no, pero ¿vas a tardar mucho en venir?».

¿Qué ha pasado en esta situación? Pues que tu hijo adolescente sigue siendo el niño inmaduro que está creciendo, que te necesita, que te echa de menos y precisa que estés cerca, en casa, pero **de otro modo**.

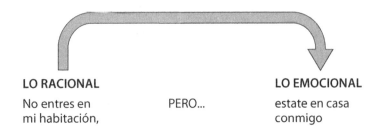

**LO RACIONAL**
No entres en
mi habitación,

PERO...

**LO EMOCIONAL**
estate en casa
conmigo

El adolescente, aunque parezca desafiante y chulesco, necesita de las figuras de referencia en su vida, que son sus padres, que son las figuras de amor, de autoridad y de seguridad fundamentalmente. Es necesario que sigas estando en la vida de tu hijo.

4. Más conductas paradójicas.
   **«No me toques, pero quiéreme»**. ¿Y cómo se hace eso? ¿Mirándolo de lejos? ¿A qué distancia? Él necesita sentirse querido, sin que sea necesario que lo toques.

Hay adolescentes que siguen siendo afectuosos y cariñosos, especialmente en casa, o en momentos privados. Pero, por lo general, no les gusta que les manifiestes tu cariño en público físicamente.

Una cosa es que tu hijo adolescente venga a darte un beso y un abrazo, gesto que solo tiene de vez en cuando; entonces está claro que lo ha decidido él y has de aprovechar la ocasión. Otra cosa es que tú vayas en su busca para darle un beso o un abrazo. Eso es una decisión de ellos, de ese proceso de autonomía que están viviendo. No quieren que los toques sin que ellos lo hayan decidido. Les da mucho apuro ir por la calle contigo y que los toques delante de sus amigos como si fueran unos niños. Siguen necesitando tus muestras de afecto, pero... **de otro modo.**

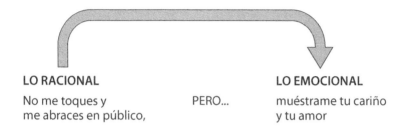

**LO RACIONAL**
No me toques y
me abraces en público,

PERO...

**LO EMOCIONAL**
muéstrame tu cariño
y tu amor

5.  Otra paradoja. «**No me controles, pero ocúpate de mí.**»

Ocúpate. Interésate. Estate pendiente. Entérate de su vida, pero no se lo preguntes... ¿Cómo hacerlo? Pues sabiendo en qué está implicado tu hijo: sus *hobbies*, su deporte, su música, sus proyectos, sus... Por muy inmaduros y fantasiosos que sean, son sus proyectos... Pero ¡¡**no le hagas más de tres preguntas!!**

**LO RACIONAL**
No me controles,

PERO...

**LO EMOCIONAL**
ocúpate de mí

El adolescente necesita sentirse acompañado por sus progenitores, tal como lo sentía y veía cuando era un niño, pero **de otro modo.** Él espera que lo acompañes, pero de otra manera.

Estas son algunas de las conductas paradójicas del adolescente. Y estas conductas son de las más importantes que tenéis que entender y aprender los padres con hijos adolescentes: la ambivalencia.

> **«Te digo una cosa, pero al mismo tiempo siento otra. Te estoy diciendo lo que racionalmente, como proceso de afirmación, yo pienso. Pero no te digo lo que emocionalmente necesito, porque eso es muy de niño.»**

Y tú creyendo que no le importas, cuando sí que le importas y de hecho te lo dice o te lo escribe en alguna ocasión o con motivo de alguna onomástica o fiesta. El adolescente te hace creer que no te necesita, que está harto de ti, pero... **no es cierto**, no puede estar solo. No es lo suficientemente maduro como para manejar este mundo **solo**. Por eso es importante que lo acompañes, pero **de otro modo**.

Tienes que seguir en la vida de tu hijo y de tu hija, pero **de otro modo**. Él te necesita, pero **de otro modo**; ya no es un niño, pero sigue necesitando tu compañía, aunque a cierta distancia. Que vayas a verlo, pero desde la lejanía. Que le manifiestes tu cariño y tu amor, pero sin tocarlo. Que le preguntes acerca de su vida, sus salidas, sus fiestas..., pero no más de tres preguntas. Esta es una de las grandes funciones parentales en la etapa de la adolescencia: **acompañar**, pero de otra manera, de otro modo, sin apearte de la vida de tu hijo, intentando acompañarlo a pesar de lo paradójico que resulta la convivencia con tu hijo adolescente.

| LO RACIONAL | | LO EMOCIONAL |
|---|---|---|
| No me agobies, | PERO... | no me olvides |
| No me preguntes, | PERO... | interésate por mí |
| No vayas a verme, | PERO... | estate allí |
| No entres en mi habitación, | PERO... | estate en casa conmigo |
| No me toques, | PERO... | quiéreme |
| No me controles, | PERO... | ocúpate de mí |
| No me corrijas, | PERO... | oriéntame |
| Déjame hacer lo que yo quiera, | PERO... | márcame el camino |

# 5.
# Sí que puedes comunicarte con tu hijo adolescente

Cuando hablamos de comunicación, por lo general hacemos referencia a la teoría de la comunicación de Claude Shannon, que se remonta a 1920, y que posteriormente ha ido variando según investigaciones y diferentes autores. Según Shannon, los elementos más destacados de la teoría de la comunicación son los siguientes:

- **Fuente:** Es el encargado de originar un mensaje para que posteriormente llegue al receptor.
- **Emisor:** Se encarga de transmitir y de gestionar el proceso para que el mensaje esté listo para su transmisión.
- **Canal:** Es el medio que transporta el mensaje para que pueda ser expuesto.
- **Receptor:** Es la persona encargada de recibir la información. Si es capaz de entenderlo de forma eficaz, el proceso se habrá llevado a cabo con éxito.

Una de las cosas más destacadas en la comunicación humana es la importancia de que haya un *feedback* entre el emisor y el receptor, es decir, una resonancia del mensaje que emite el emisor, que es captado por el receptor y que este se lo devuelve por el mismo canal, para que se establezca la comunicación entre dos o más personas. Esto supone la ratificación de que se ha entendido el mensaje y se está generando una respuesta por parte del receptor hacia la información recibida.

Gracias a la comunicación se potencian las relaciones humanas, se evitan conflictos, se aclaran problemas y se comparten objetivos con la meta de conseguirlos con un mayor grado de éxito.

No hace falta extenderme mucho más ni insistir demasiado en que todo este proceso de la comunicación humana es muy importante. Es necesario que el emisor emita el mensaje con claridad, nitidez y, a ser posible, brevemente, y que el receptor esté en condiciones y en disposición de escuchar con atención y con escucha activa. Así mismo, el canal, bien verbal (palabras o escritura) o no verbal (gestos, miradas, posturas, distancias, silencios, etcétera.) ha de ser el mismo para ambos elementos: emisor y receptor.

Pues bien, ¿para qué hago esta breve introducción haciendo alusión a la teoría de la comunicación en el capítulo dedicado a la comunicación con tu hijo adolescente? Pues para decirte que **¡¡nada de esto se cumple en la comunicación con un hijo adolescente!!**

Cuando te dispongas tú, padre o madre, a comunicarte con tu hijo adolescente o cuando tu hijo adolescente «decida de modo compulsivo» venir a comunicarse contigo, se crea una realidad totalmente diferente a lo comentado en la teoría de la comunicación. Esta sí que te es válida para comunicarte con tus hijos pequeños (antes de la preadolescencia), con tus hijos mayores o con los adultos con los que te relacionas, pero con tu hijo adolescente **es totalmente diferente.**

**Estrategias para una buena comunicación con tu hijo**

Según mi experiencia clínica y profesional, si hablamos de comunicación verbal, destacaría **tres modos o medios** por los que pueden comunicarse ellos contigo y tú con ellos. Paso a describirlos:

*1. Comunicación afectiva*

Es la comunicación que se establece cuando vienen ellos a hablar contigo; ellos deciden venir a tu encuentro, ellos regulan el tema y la cantidad de información que desean compartir contigo y van dirigiendo la conversación.

ELLOS HABLAN... **Y esperan que** TÚ ESCUCHES, y que lo hagas de un modo no descarado, no interesado en demasía en lo que te está comentando, sin interrumpirlo, sin corregirle, sin hacer anotaciones a lo que te está comentando y... sin dejar de hacer lo que estás haciendo o de estar donde estés situado.

Nada de escucha activa y comprensiva, atendiendo con todos los sentidos a lo que ellos dicen y centrados en lo que te están transmitiendo (que es lo que nos dice la teoría de la comunicación).

Cuando tu hijo adolescente viene a hablar contigo, suele hacerlo a la hora más intempestiva, en el lugar más inapropiado y cuando tú estás en peores condiciones para poder atenderle de un modo activo y comprensivo: cansado, agotado o centrado en realizar una tarea... Él elige situaciones en las que estás haciendo cosas, tienes prisa, estás cansado o no le puedes prestar una atención desmedida porque, si así lo hicieras, él se sentiría intimidado.

Tu hijo adolescente, en algunos momentos, tiene la necesidad de comentarte algo de su vida, de transmitirte alguna situación, sentimiento o pensamiento que le agobia y decide hacerlo de un modo compulsivo, es decir, sin reflexionar, sin decidir conscientemente... **«Es ahora y en este momento cuando necesito decir esto a mi padre o a mi madre»**, y va, te busca y te lo dice, sea donde sea, cuando sea y sin pensar cómo puedes estar tú.

*Te retrasas en el trabajo, llegas a casa tarde, has de preparar la cena... Echas mano de algún alimento de elaboración rápida y mientras, acelerado, vas preparando la cena... Se sienta tu hijo en un taburete de la cocina, a cierta distancia, de lado, sin que lo puedas mirar de frente... Y te empieza a comentar una situación que ha vivido el fin de semana pasado, cuando salió con los amigos a un pub de fiesta, y te dice: «Madre mía lo que se pasaban allí»...*

*Tú entras en alerta y, encogido por el «qué habrá pasado», lo dejas todo, te giras y te diriges a tu hijo, sentado en el taburete y lo interrogas: «¿Qué pasó? ¿Tomaste algo? ¿Te hicieron algo? ¿Quiénes estabais?...»; al tercer interrogante que le lances, tu hijo decide minimizar la importancia del tema y cambia de contenido... Se acaba la comunicación. ¡¡¡Lo has intimidado!!!*

¿Qué tienes que hacer cuando tu hijo venga a comunicarte alguna situación de su vida personal, en el momento más inapropiado, en el lugar menos adecuado y cuando tú te encuentras en peores condiciones?

Recuerda: ELLOS HABLAN... **Y esperan que** TÚ ESCUCHES, y que lo hagas de un modo **no directo**:

- Sigue haciendo lo que estés haciendo y no lo dejes de hacer hasta que él termine la conversación.
- Comparte la tarea que estés haciendo con la escucha a lo que tu hijo te esté comentando.
- No lo mires de un modo intenso.
- No le corrijas, ni lo reprendas ni lo interrumpas... Deja que siga hablando.

- Utiliza pequeñas expresiones que mantengan la conversación, pero que no emitan ningún juicio acerca de lo que está comentando. Por ejemplo: «¿Sí?», «No me digas...», «¿De verdad?», «Anda... ¿Es posible?»...
- Estate pendiente de tu lenguaje corporal y gestual.
- Manifiesta cierta indiferencia, pero contenida (todo un arte).

Y así, hasta que él finalice la conversación: ya te ha comunicado todo lo que necesitaba expresarte y que desea que tú sepas y... ¡¡Ya está!! ¡¡Se terminó!!

¿Y si ha comentado alguna actitud, conducta, actuación, etcétera, que tú crees no adecuada?

- No se la hagas saber mientras él está hablando y comentándote las cosas.
- Intenta no olvidar y recordar lo que ha dicho que no te haya parecido adecuado y, al día siguiente, sin previo aviso, en mitad del pasillo, en su habitación o en la cocina, y en un momento que tú veas adecuado, le haces referencia a ese contenido o actuación que no te pareció adecuada y que él te comentó el día anterior, y se lo haces saber de un modo sereno y sin más importancia. Por ejemplo:

*«Juan, ayer, cuando me comentaste aquello del pub del fin de semana, cuando estábamos en la cocina, al terminar, luego me quedé pensando, y creo que aque-*

*llo que me comentaste (...) no me parece muy adecua-do, o muy correcto, o muy acertado o propio de una persona como tú...».*

Y... ¡¡ya está!!! ¡¡No le digas más!!! Ya lo has reconducido y le has hecho saber de este modo que hubo algo que no te pareció adecuado. No entres en un debate o discusión. No quieras aclarar más la situación.

Los contextos inadecuados que elige el adolescente para comunicarse pueden ser muy diversos: en la cocina, el ascensor, el coche o a las doce de la noche cuando ya estás en la cama y a punto de dormirte, entra y te dice: «Mamá/papá, quiero hablar contigo», o «Te quiero contar una cosa»... Sabes que esto es **¡¡mágico!!**, y si no lo escuchas en ese momento, ya no habrá otra oportunidad. ¿Qué haces entonces? Te incorporas y, sin mirarlo descaradamente, intensamente o con un interés desmedido, atiéndelo y síguele la conversación, compartiéndolo con el libro o la revista que estabas leyendo.

## Los momentos de comunicación AFECTIVA con tu hijo adolescente ¡¡SON MÁGICOS!!

Si viene tu hijo adolescente a hablar contigo en el momento y el lugar más inadecuados y cuando menos predisposición tienes y tú se lo haces saber y no le atiendes, ellos suelen entender que no te importa lo que iban a comentarte y, por lo general, si esto ocurre en varias ocasiones, ya no vuelven a buscarte para comentarte nada en futuros momentos. Si viene tu hijo adolescente a hablar contigo en el momento, lugar y predisposición más inadecuados, y tú te dispones a escucharlo, pero lo interrumpes, le corriges, le cuestionas lo que está diciendo y compartiendo contigo, y esto sucede en varias ocasiones, ya no vuelven a buscarte para comentarte nada en futuros momentos. Cuando tu hijo adolescente venga a hablar contigo, a comentarte una situación o a compartir una inquietud... recuerda: **¡¡es mágico!!** ¡¡No te lo pierdas!!

## 2. Comunicación efectiva

Es la comunicación que se establece cuando tú vas a hablar con ellos y, por lo tanto, **ellos no deciden** ni el momento, ni el lugar, ni el contenido, ni el modo, etcétera. Tú regulas la conversación y esperas que ellos escuchen.

TÚ HABLAS... **Y esperas que** ELLOS ESCUCHEN, y que lo hagan de un modo activo, interesados, atentos y motivados por lo que tú les estás diciendo.

¡¡¡Nada más parecido a la realidad!!!

Al decidir tú ese momento, él se siente invadido y presionado. Obligado a escuchar tu «alocución» o «sermón», tu hijo adolescente se dispone en **modo pasivo.** Y esto te lo hace saber con **lenguaje no verbal**: gestos, muecas, posturas, resoplidos y expresiones del modo: «Ya lo sé», «Pesado»,

«Cansino»..., sin mirarte directamente y mirando a otro lugar que te haga sentir provocación. **Pero... sí que te escucha**, siempre que tú no te alargues ni te reiteres mucho.

Es importante que, en este tipo de comunicación, tú, padre o madre de hijo adolescente, seas muy concreto, conciso y breve: ¡¡al grano!! Y sin dar muchos rodeos, porque se desconectan fácilmente o bien, simplemente, se van de donde estén contigo soportando «el chorreo» o «la brasa» que les estás dando.

Este tipo de comunicación, en el que el padre decide, desea o ve necesario comunicar algo a su hijo adolescente, no se ha de avisar de antemano. Aprovecha el final de una comida, una cena o un momento intermedio en el que, de modo improvisado, abordas a tu hijo para comentarle: «Marta/Juan, te quería comentar...», y le expones tu discurso, breve, conciso, concreto, sin rodeos y sin ser reiterativo.

Un padre o una madre no pueden –o no deben– renunciar a decir a un hijo adolescente lo que consideran oportuno, necesario o adecuado y que crean que debe comentar con su hijo adolescente. Ahora bien, no esperes con un adolescente que haya un diálogo fluido, atento, concentrado e interesado como con un adulto, porque tu hijo adolescente no es un adulto. En determinadas ocasiones y cuando los astros se alinean, se puede dar, pero lo más frecuente es que, cuando tu hijo adolescente vea que te dispones a «charlar» con él, se active en su interior una emoción de inseguridad que le haga pensar: «¡A ver lo que me va a decir ahora!», que lo predispone a sentirse intimidado, a la defensiva y determinado a finalizar ese momento cuanto antes.

## 3. Comunicación superficial

Es la comunicación que se establece cuando se habla de temas que no suponen una implicación personal ni hacen referencia a nada personal por ambas partes, tanto por los padres como por los hijos adolescentes. **Ellos entienden que...** pueden hablar contigo.

Son temas en los que no hay implicación personal, que no hacen referencia a nada personal, que no afectan a la convivencia ni a la relación familiar, y que tienen que favorecerlos tanto el hijo adolescente como el padre o la madre. Son temas superficiales de la vida cotidiana, que no conllevan ninguna norma, ninguna regla ni nada referente a lo que vivimos en casa o en el instituto; ni entrañan ninguna negociación, ni llegan a ningún acuerdo, ni defienden nada ni a nadie. Por eso mismo podemos hablar y conversar con ellos sin que se sientan intimidados.

**La comunicación superficial es el modo de comunicación que más hay que favorecer en la vida cotidiana con un hijo adolescente.**

¿A qué temas hago referencia cuando hablo de comunicación superficial? A temas referidos a:

• **Deportes** que le gusten a tu hijo o cosas que conozca de ese deporte.

- **Música** que escuche tu hijo adolescente. Es importante saber la música que le gusta y seguirla por YouTube, en conciertos, etcétera.
- **Modas o ropa** que le provoquen comentarios, opiniones, gustos, estilos...
- *Hobbies* de tu hijo que se le puedan consultar o de los que se le pueda preguntar para pedirle asesoramiento.
- **Cotilleos o situaciones de la vida social de los otros...** Este es de los temas estrella que a muchos adolescentes les gusta comentar, especialmente los referidos a sucesos, eventos o situaciones que ocurren en la ciudad o en el barrio, que han sucedido en el trabajo o que te ha comentado algún padre o madre, o incluso algo que te puedes medio inventar.

Son temas de los cuales no se va a tener que negociar, ni matizar, ni ponerse de acuerdo, ni opinar igual, ni querer convencerse ni nada de nada. Son temas triviales, sin gran transcendencia y superficiales. Tanto el padre como la madre y el hijo adolescente pueden opinar, comentar, decir y exponer y sin que necesariamente haya contraargumentación. Este modo de comunicación superficial es el que más hay que facilitar en casa y es el que suele crear un clima distendido, de buen ambiente. A través de este tema, el adolescente entiende que puede hablar con su padre o con su madre, aunque para el adulto puedan resultar temas demasiado superficiales.

Tanto en las comidas y en las cenas como en los momentos de estar juntos, es donde más sugiero que el modo de comunicación se ponga en práctica. Las comidas y las cenas no son contextos para comunicar o abordar temas que puedan provocar el enfado, la discusión o el enfrentamiento (por ejemplo, horarios de salir, resultados académicos, consumo de sustancias o de tecnologías, la relación entre hermanos...).

No obstante, en cualquiera de los modos de comunicación con tu hijo adolescente, sea comunicación afectiva, efectiva o superficial, te sugiero a ti, padre o madre, algunos consejos para que sea una comunicación cercana, eficaz y satisfactoria:

- Da señales verbales y no verbales de escucha **no** descarada.
- No interrumpas el discurso de tu hijo adolescente; si lo haces, que sea con pequeñas expresiones que mantienen el interés.
- Evita «adivinar» lo que tu hijo va a decirte.
- Identifica sus sentimientos y sus emociones.
- Establece empatía y comprende sus sentimientos, aunque lo que comenten te parezcan situaciones no relevantes. Para él sí lo son.
- Evita juicios o soluciones prematuras a lo que él te plantee.
- Evita contraargumentar lo que te vaya comentando.
- Evita interrogar constantemente.
- Escucha «todo»: sus gestos, sus posturas, sus silencios, sus distancias...

- No utilices expresiones que «devalúen», como, por ejemplo:
  - ¡¡Ya lo sabía!!».
  - «¡¡No me cuentes más!!».
  - «¡¡Eso le pasa a mucha gente!!».
  - «¡¡No eres el único al que le pasa eso!!».
- No utilices términos absolutos: nunca, nada, jamás, todo, siempre...
- Antes de comentarle una crítica o una corrección, comienza reconociendo méritos o cualidades positivas que tiene tu hijo.
- Respeta su dignidad: no utilices expresiones que humillen, desprecien o descalifiquen.
- Reconoce su unicidad. No compares a tu hijo con nadie.
- Cuida que tu lenguaje verbal y no verbal se correspondan; si no es así, tu discurso no convencerá.

**«Y no olvides que... nunca dejamos
de comunicarnos.»**

# 6.
# Negocia, negocia, negocia... siempre que sea posible

*«Convivir con un hijo adolescente es convivir, la mayoría de los días, con un conflicto en casa.»*

El conflicto en la convivencia con un adolescente es inevitable y necesario. Y no me he equivocado al decirlo; por una parte, es inevitable por el proceso psicológico que está atravesando tu hijo adolescente, y, por otra parte, es necesario para el desarrollo de su personalidad y su seguridad. No se puede convivir con un hijo adolescente y no tener conflicto con él durante los cinco años y medio que dura esta etapa. También es cierto que ese conflicto va a variar de intensidad, porque depende de la personalidad del adolescente y de su momento social, emocional, etcétera.

Discutirte, plantarte cara, desafiarte, irse pegando un portazo o pataleando contra el suelo... para más tarde, al cabo de un rato, volver como «si nada hubiera pasado» es un estilo de convivencia al que hay que acostumbrarse en estos años complicadillos.

Hasta con los hijos de los que decimos: «Qué buen chico ha salido», hasta «los más buenos», porque son más fáciles de llevar, tiene que haber algún momento en su adolescencia en el que te planten cara, te desafíen, se quejen, se vayan resoplando o te digan: «¡¡Esto no es justo!!».

Por esto es importante que los padres que sois los entrenadores para la vida de vuestros hijos, que sois los que acompañáis, conducís y reconducís a vuestros hijos durante los primeros quince-dieciocho años de sus vidas, seáis los que tengáis que aprender a gestionar el conflicto y no hacer de esta realidad una situación insalvable, que bloquee o que deteriore la relación entre padres e hijos.

## ¿De dónde surge el conflicto en la convivencia con el adolescente? ¿Cuál es el origen de dicho conflicto?

Pues surge de la **crisis de afirmación del yo**, a la que ya hice referencia en el segundo capítulo de este libro. Es decir, en la crisis de afirmación del **yo**, el adolescente afirma de una manera potente lo que quiere y desea: sus planes, sus pretensiones, la organización de su tiempo, sus salidas, sus tiempos con el móvil, su momento para la ducha, etcétera. Es decir, siente la **necesidad de organizar y dirigir su vida, sin contar con nadie y sin pedir permiso a nadie**: «Yo soy mayor y yo quiero decidirlo todo; y quiero, además, hacerlo sin consultarlo con nadie». Y te dicen: «¡¡Es mi vida!!», «¡¡Pasa de mí!!», «¡¡Déjame en paz!!», «¡¡Tú no eres quién para dirigir mi vida!!»... Y tú, padre o madre de tu querido hijo adolescente, le respondes: «¡¡Yo soy tu padre!! ¡¡Y no puedes hacer lo que te dé la gana!!».

Y de aquí surge el conflicto entre padre, madre e hijo adolescente en la necesidad de afirmar su opinión, su criterio, su punto de vista, su gusto, sus decisiones, etcétera, frente a las figuras de autoridad, que sois vosotros. Desafiando vuestro criterio, opinión, punto de vista, argumentos... Y esto lo va a hacer con sus rasgos de personalidad. Con los más dóciles, más fácil de llevar va a ser el conflicto; pero los más rebeldes o los más complicadillos van a generar más tensión. Y hay algunos adolescentes que necesitan afirmarse de una manera tan potente que convivir con ellos genera un sufrimiento muy grande en el ambiente familiar.

No es que tu hijo te odie. No, no te odia, sino que necesita afirmar esa necesidad de **sentirse** mayor y **poder** gestionar su vida. Y de ahí surge el desafío a tus pautas, tus criterios, tus normas, tus órdenes, tus sugerencias, tus opiniones, tus pensamientos, tu forma de ver la vida, etcétera, de manera que discutirá todas las normas, los límites, las órdenes, las orientaciones, las obligaciones y las sugerencias. Lo discutirá todo y por todo. Y bastará que le digas una cosa para que haga lo contrario o no lo haga:

- «Ponte esa camisa».
- «Recoge estas zapatillas».
- «Pasea al perro».
- «Baja la basura».

- «Ordena tu habitación».
- «Ayuda a tu hermano».

Su respuesta oscilará entre un silencio o: «¡¡Sí, ya voy!!», o «¡¡Ahora voy!!», o «¡¡Ya te he oído!!», o «¡¡Pesado!!», o «¡¡Que lo haga mi hermano!!», o «¡¡¿Por qué tengo que hacerlo yo?!!», o «¡¡Ya lo hice ayer!!»... Estas respuestas **son normales**, y hay que prepararse, aprender a gestionarlas y a **no** entrar al **cuerpo a cuerpo**, como comentamos en anteriores capítulos.

## ¿Cómo vive el conflicto el adolescente?

El adolescente vive el conflicto como una lucha de poder contigo; te echan un pulso, es como que «¿Quién eres tú para modificar o impedir mis planes?». Ellos sienten en su interior: «Yo ya soy mayor, ya no soy un crío, y puedo decidir, ¿por qué tienen que decidir por mí?», y no lo entienden. **Entonces te echan un pulso, y es un pulso a ganar o perder.**

Ellos quieren **o todo o nada.** Prefieren incluso quedarse en casa y no salir a tener que ceder en la hora de regreso que tienen que negociar contigo. Tal es su necesidad de afirmar su **yo**, su decisión, su criterio, sus planes y su punto de vista, que cuando esto ocurra y decidan **perderlo todo** porque no quieren ceder ante tu negociación, lo más educativo será que dejes que lo pierdan **todo**, aunque se te parta el corazón.

Ha decidido no salir porque no cedes en todo a su propuesta, pues deja que asuma las consecuencias de su decisión. Se tiene que dar cuenta, con el paso de los días, de que al final se ha perdido la fiesta o salir con los amigos, aunque fuera unas horas, por no ceder un tiempo concreto. Esto lo tiene que ir descubriendo en la propia experiencia personal. No entres en la habitación a querer convencerlo, que entre en razón y se vaya a la fiesta. Tiene que ir aprendiendo de sus decisiones, impulsivas, no reflexivas y rígidas, y asumir las consecuencias. Y tú, padre o madre, deja que sucedan las consecuencias, lo demás es mucha hiperprotección.

*Estrategias que utilizan los adolescentes ante el conflicto con sus padres*

Cuando se establece un conflicto entre el adolescente y su padre o su madre, ellos desarrollan varias estrategias para conseguir sus logros. Os expongo algunas de ellas:

## 1. Insistir, insistir, insistir... hasta agotar

Y por agotamiento, consiguen que el padre o la madre ceda ante la presión que genera su insistencia y acceda a sus peticiones. Esta es una estrategia que hay que intentar entrenarla para **no agotarse** ante la insistencia de tu hijo adolescente. Una manera de reconducir dicha insistencia es que se le diga:

«Cuanto más insistas, más tarde te daré una respuesta...», y así puedes llegar a decirle que hasta mañana o pasado o el próximo fin de semana no se lo dirás. Todo menos ceder a su presión insistente. Aunque cueste un poco al principio, ellos van aprendiendo que presionando no lo van a conseguir.

## 2. Prometer, prometer, prometer...

¡¡Y tú te lo crees!! Hasta que aprendes que, una vez conseguido su objetivo, se olvidan de sus promesas.

El adolescente, en su afán de lograr su objetivo, es capaz de prometerte y asegurarte con tal contundencia que lo va a hacer, que va a ayudar o que va a encargarse, y logra que tú te creas que lo va a cumplir. Tú, padre o madre, que quieres a tu hijo adolescente, has de saber y aprender que sus promesas son interesadas, llevan implícito un interés que, una vez conseguido, hace que las olvide, e incluso puede llegar a discutir o negar que te hicieran tales promesas.

No cedas ante ellas. Y si has de ceder, te sugiero que le propongas conductas que puedan hacer antes de lograr su objetivo.

## 3. Mentiras estratégicas para conseguir su objetivo

Son mentiras estratégicas, es decir, conducta de mentiras o engaños encaminados a conseguir su objetivo. **No** son mentiras «éticas o morales», no van encaminadas, en un principio, a hacer daño o provocar sufrimiento a su padre o a su madre. Son mentiras o engaños para conseguir un objetivo, que ellos prevén que no les vas a conceder y que para ellos es necesario o vital realizarlo o lograrlo. El adolescente cuanto más cree que lo que él desea su padre o su madre no se lo va a conceder, más elabora una conducta de mentiras estratégicas. En estos casos, es importante aprender a negociar mucho y ceder mucho para no fomentar la conducta de mentiras.

No obstante, puede darse la situación de que tu hijo adolescente elabore mentiras estratégicas que **sí** puedan provocar daño o sufrimiento a otras personas, bien sea padre, madre, hermanos o amigos. Por ejemplo: que mienta acerca de la vida o conducta de un amigo para conseguir la atención de otro amigo; o que engañe a un amigo para conseguir algo de él. En estos casos, sí que es importante que habléis con vuestro hijo adolescente y le hagáis comprender que si su conducta de mentira entraña o provoca daño, humillación, descalificación, desprecio, extorsión, etcétera, sobre otra persona, no será tolerable, y habrá que, de algún modo, limitar y supervisar dicha conducta de mentira.

## VENTAJAS del conflicto con el adolescente

Aunque no puedas llegar a creer que los conflictos que se generan en la convivencia con tu hijo adolescente pueden tener su parte positiva, así es. Sí que tienen su lado positivo, aunque en realidad son consecuencias positivas de la **afirmación del yo**, que genera el conflicto y provoca el desafío. Paso a comentar alguno de ellos.

## 1. *Provoca seguridad y confianza en sí mismo*

El adolescente al afirmar su **yo**, aunque le lleve al conflicto con sus progenitores, logra que se afirme como un yo válido, valiente y seguro. Que un chico o una chica adolescente se afirme delante de su padre y de su madre, que son las figuras de amor y de seguridad, pero también de autoridad, y desafíe esta autoridad discutiendo su opinión, hace que el adolescente gane seguridad.

Por lo general, un adolescente que se afirma se va a convertir, en un futuro, en un adulto seguro, confiado, capaz de afirmarse delante de un compañero de trabajo, de un jefe, de los vecinos o también delante de su pareja. Y va a poder atreverse a decir: «Yo no opino así», «No estoy de acuerdo en esto», «Sugiero otra opción», «Propongo otra alternativa», etcétera. La afirmación de su yo y el conflicto que genera lo entrenan para un futuro, para no ceder sin más, para no achicarse ante una realidad de la que discrepe.

## 2. Se arriesga a equivocarse

Se entrena para asumir las consecuencias de sus decisiones y darse cuenta de que algunas de ellas lo han llevado a un error o a una situación de pérdida (como cuando decide no salir porque no le dejáis que vuelva más tarde de lo que él solicita).

Contemplar y aceptar uno o varios errores es un buen modo de ayudarlos a encontrarse con la realidad de la vida y no hacer problema de ello. Es un buen método de aprendizaje. De los errores se aprende, y si son errores que ellos han cometido, todavía aprenden más y mejor.

## 3. Educa la frustración

Saber que no todo lo puede conseguir y que no pasa nada es un buen método para educar la frustración. No pueden conseguir todo lo que se planteen y deben entender que esto es normal y que se puede vivir sin ello, y vivir bien. Es un modo práctico de entender que en la vida se tiene que vivir con un porcentaje de frustración y vivir bien.

Aprender que, aunque te esfuerces, tienes que contemplar que puedes no lograr el objetivo es un método saludable para educar la frustración y prepararlos para la vida. Esta educación de la frustración también los prepara para una vida adulta en la que van a tener que gestionar el conflicto, las diferencias y las dificultades, trabajarse el esfuerzo...

## ¿Cuál es la estrategia más adecuada para gestionar el conflicto con tu hijo adolescente?

La gran estrategia que yo os sugiero es la **negociación**. Esta es la estrategia propia de la etapa de la adolescencia, sobre todo porque la negociación contempla la opinión de las partes que van a negociar. No es una estrategia propia de otra etapa evolutiva anterior.

**El adolescente necesita expresar su opinión, su propuesta, sus planes, su organización..., y la técnica que mejor recoge esta posibilidad es la negociación.**

De ahí mi sugerencia de aprender a negociar con tu hijo adolescente. Antes de ello, quiero comentarte algunas connotaciones previas que pueden ayudarte en la negociación.

*¿Dónde y cuándo negociar?*

- Si está con amigos, aplazar la negociación.
- Si está jugando con el ordenador, que lo apague y luego negociar.
- Si está estudiando, buscar otro momento.
- No se negocia durante la comida o la cena.

- Si desean negociar cuando hay familiares presentes, aplazarlo para cuando se hayan marchado.

- Si estáis los dos progenitores conviviendo con el adolescente, bajo el mismo techo, es aconsejable y muy necesario que os pongáis de acuerdo vosotros, antes de negociar con el adolescente, y, si es posible, estar los dos progenitores en el momento de la negociación. Es muy importante para proteger la relación de pareja que los progenitores no tomen decisiones unilaterales en el conflicto con un hijo adolescente. Y por mucho que insistan, no dar una opinión unilateral si se trata de temas importantes. Y a veces, cuando ven que no cedes y que no les contestas a sus propuestas, entonces te manipulan emocionalmente y te dicen: «Es que tú no tienes opinión», o que «Siempre dependes de papá o de mamá». Ante estas manipulaciones, lo que sugiero es que les des la razón; por ejemplo, con un: «Es cierto, siempre dependo de papá o de mamá»... Y se cierra la conversación, porque ya no saben seguirla.

*Errores que evitar antes de una negociación con tu hijo adolescente*

- Comenzar la conversación con acusaciones, amenazas o exigencias.
- Intentar negociar cuando estás emocionalmente alterado.

- Recodarle cosas parecidas sucedidas en el pasado.
- Lanzar declaraciones dogmáticas y radicales: «Si sigues por ese camino...».
- Responder a cualquier reproche de él con otro reproche por parte del padre o de la madre.
- Adivinarle el pensamiento.
- Dar consejos prematuros.

## ¿Cómo negociar?

No todo lo que sucede en la vida de un adolescente o todo lo que ellos desean y pugnan por conseguir se puede negociar. Siempre hay cosas innegociables que os expongo más adelante.

Es muy importante, al ir a una negociación con un hijo adolescente, acudir con dos actitudes básicas:

1. Una actitud de: «Digan lo que digan, hemos de llegar a un acuerdo».
2. Otra actitud de: «Tenemos que ceder ambas partes para llegar al acuerdo».

Como **técnica de negociación**, os propongo una metodología, pero cada padre y cada madre ha de encontrar con cada hijo su método y estilo. Os sugiero los siguientes pasos:

1. Escuchar en primer lugar su opinión: DEJARLO TERMINAR. NO INTERRUMPIRLO.

Escucha sus propuestas, lo que quiere, lo que desea..., por muy llamativas que te parezcan, por muy irrealizables que las veas, deja que te las diga. Escucha su opinión, cálmate. Tú eres el adulto que tiene que saber aprender a negociar con su hijo y enseñarle a negociar contigo. Después, cuando él haya expuesto su propuesta o su deseo, le pides que te escuche a ti.

2. Pedirle que escuche tu opinión de padre. Has de ser preciso y no comenzar a dar vueltas y vueltas a tu argumento, ni sermonees con apreciaciones que, aunque sean reales y válidas, no es el momento para comentarlas.

3. Si no se llega fácilmente a un acuerdo, entonces le propones daros un tiempo para pensar las propuestas mutuas expuestas. Algo así como decirle: «Vamos a dejarnos un ratito, una hora, dos horas o incluso hasta el día siguiente, y lo hablamos. Vamos pensándolo, meditándolo», e invitarlo a buscar una aproximación en ambas propuestas, enfatizando que, si ambas partes ceden, ambas ganan: es la estrategia del **gana-gana:** «Yo cedo, tú cedes y ganamos los dos». No gano todo lo que quiero, pero gano más que si no cedo. Esta es la estrategia que el adolescente, por su inmadurez, no ha aprendido y le cuesta aprender mucho: **«que si cede, gana más».** Recordad que el adolescente vive el conflicto como un pulso que ganar o perder. Su pensamiento es de **«o todo o nada».**

4. Volver a negociar, aproximando posturas y cediendo hasta llegar al acuerdo.

5. Y si no se cumplen los acuerdos tomados... ¿Qué consecuencias ha de haber? En este punto es cuando se plantean las consecuencias anticipadas en caso de que no se cumplan los acuerdos. Para ello, os sugiero:
   - Serenar los sentimientos de enfado, cólera, ira...
   - Que sean consecuencias proporcionadas y sencillas, que todos podáis cumplir.
   - Pueden ser consecuencias de quitar o de poner o pueden ser tareas en pro de mejorar el ambiente en casa.
   - «Quitar, quitar, quitar» no es, en muchos casos, el método más efectivo y que corrige la conducta.

A modo de sugerencias finales os aconsejo:

- No negociarlo **todo** y **para todo**. Hay que escoger las situaciones que sean importantes o serias.
- **No** esperar una conducta de **adulto** por parte de tu adolescente.
- Saber **esperar** con **serenidad** y **perseverar**.
- El adolescente **necesita** una **pared** donde **lanzar** su opinión y la **resonancia** por parte de los padres.
- **No tirar la toalla.** Negocia, renegocia...
- En casos muy conflictivos: **establecer mínimos** que cumplir para poder convivir con respeto mutuo.

Y a pesar de todo lo dicho anteriormente...

*Hay cosas que son innegociables*

Desde mi humilde opinión y mi experiencia profesional, hay situaciones o deseos que no los considero negociables. Os expongo algunos de ellos:

- Tomarse una medicación necesaria para la salud y prescrita por el médico.
- Utilizar armas y violencia. No almacenar en casa catanas, navajas, etcétera.
- Maltrato continuado y violento hacia un hermano.
- Cultivo o consumo de sustancias tóxicas en casa.
- Cualquier **valor**, comportamiento o actitud que creáis que se deba preservar en vuestra familia y que sea innegociable para vosotros. Sobre todo, el **respeto** a los padres y adultos.

> **«Sobre todo, y a pesar de las dificultades en la negociación con tu hijo adolescente, no rompas una vía de comunicación con tu hijo.»**

Uno de los temas estrella en cuestión de negociar con un hijo adolescente es el uso del móvil o de otros terminales electrónicos: la tableta, el ordenador, la consola... **Las nuevas tecnologías** son realidades de hoy con las que hay que contar en la vida de los hijos. Tu hijo adolescente es **nativo digital** y hay que **educarlo** para la **vida digital**. Te voy a sugerir, desde mi experiencia clínica y docente de escuelas de padres y madres, las pautas que yo les indico a los progenitores a la hora de comprar un terminal de telefonía móvil, es decir, un teléfono móvil, y que pueden ser aplicadas a cualquier otro dispositivo electrónico. Lo ideal es que pudieran ponerse en práctica antes de la compra del teléfono, pero, tal vez, cuando estés leyendo estas páginas ya hayas comprado el teléfono a tu hijo y creas que no te pueden servir. No lo creas, todo se puede reconducir, lo que sí te sugiero es que, al terminar de leer estas pautas, no vayas directamente a la habitación de tu hijo, le cojas el teléfono móvil y le digas que «tenemos que negociar». No, si ya le has comprado el teléfono, hayas puesto o no unas normas o unas pautas, para poder cambiarlas debes tener un motivo consistente que justifique el cambio de normas en el uso del móvil.

También quisiera comentarte, desde mi experiencia clínica, que la mayoría de los dispositivos electrónicos tienen un componente adictivo que incita a usarlo y mantenerte en contacto con él, además de ser en el adolescente la principal vía de comunicación con sus amigos. Todo ello lo hace ser un elemento que, potencialmente, puede provocar cierta adicción en el uso del mismo. Pero también es cierto que no todo adolescente que abusa del uso del teléfono móvil acaba siendo un adicto al mismo. De igual manera que no todo el que bebe una bebida alcohólica, cuando sale de fiesta o en casa, acaba siendo alcohólico crónico. Ni todo el que fuma marihuana termina siendo un toxicómano. Ni cualquier persona que va de compras y se gasta más dinero de lo previsto termina siendo un adicto a las compras compulsivas. El desarrollo de una adicción, toxicomanía, alcoholismo, compras compulsivas, etcétera, implica muchos más factores y variables personales, sociales, emocionales, sociosanitarias, económicas, etcétera. Con ello, quiero decirte que no dramatices en demasía el consumo, por parte de tu hijo adolescente, del teléfono móvil. En este sentido, es muy importante, y así lo contemplo yo en la consulta y en las escuelas de padres y madres, tener en cuenta el efecto que provoque el consumo del teléfono móvil en su vida cotidiana: la alimentación, el sueño/descanso, las rutinas, los horarios, el rendimiento académico, la relación con los amigos, la higiene, la relación contigo, la relación con los hermanos, las respuestas o las conductas disruptivas, violentas o explosivas, etcétera. No a todos los adolescentes les afecta y les repercute de igual modo. Así como hay también muchos adolescentes que hacen un uso adecuado del teléfono móvil y no es fuente de conflicto en casa.

Dicho todo esto, voy a exponeros algunas pautas, estas se expresarán en forma de cláusulas, para la negociación del consumo del teléfono móvil:

1. Si vas a comprar un aparato electrónico, te sugiero que **negocies** y llegues a **acuerdos** previos a la compra del terminal acerca de su uso en el día a día y los fines de semana, los horarios, los gastos, las redes sociales que se van a instalar, el acceso a determinadas páginas, el conocimiento de las claves de acceso por

parte del padre o de la madre, y las consecuencias que habrá si no se cumplen dichos acuerdos. Os sugiero que lo pongáis por escrito en forma de **contrato** y sea firmado por ambas partes. Ya te anticipo que el hecho de que haya una firma y un contrato de por medio no es garantía de que vaya a cumplir los acuerdos, pero sí es un documento muy válido para cuando tu hijo adolescente «se desdiga» de lo dicho y pactado, entonces podrás sacar el documento escrito y firmado y lo volverás a situar en la realidad.

2. Las pautas han de pensarse para poderlas cumplir tanto el hijo adolescente, como el padre o la madre.

3. Por la noche te sugiero que los aparatos electrónicos estén fuera del dormitorio del adolescente o apagados totalmente, no tanto por que los pueda usar tu hijo como por el hecho de que suelen enviarles mensajes durante el sueño, interrumpiéndole su descanso.

4. Límite de consumo económico al mes. Te sugiero un contrato con datos **limitados**, por si has de recurrir en algún momento a quitar el *router* o el wifi; si usan los datos y los consumen... ¡¡Ya no habrá más hasta el próximo mes!!

5. Límite de consumo de horas a diario y los fines de semana. Te sugiero que pueda tener tiempo de amigos, tiempo de estudio, tiempo de ocio, tiempo de tecnologías...

6. Todo padre de un menor tiene el derecho y el deber de saber con quién se relaciona su hijo, por protec-

ción y por pauta educativa. Supervisa adónde va y con quién va tu hijo en la vida real y... también en **Internet**.

7. Si no hace un uso adecuado y utiliza un dispositivo electrónico para producir daño a otras personas amenazando, extorsionando, presionando, enviando mensajes no adecuados, descalificando, humillando, fotografiando y enviando la foto sin permiso, etcétera, que constituyen un delito telemático, **no debe disponer del aparato** electrónico con internet ni acceso a redes. Solo llamadas. Y, en estos casos, supervisa la factura y los teléfonos a los que llama o le llaman.

8. Los aparatos electrónicos que quieran traer a casa, porque se los han prestado o se los ha comprado tu hijo sin tu consentimiento, si los quieren entrar en casa, ha de estar consensuado previamente con el padre y la madre.

9. Te sugiero que instales el ordenador en una **zona común** de la casa, por ejemplo, el comedor, el salón, la salita...

10. Elabora el contrato de acuerdos y estate atento al consumo (horas) de tecnologías que vaya haciendo tu hijo. No seas demasiado confiado... Tu hijo es un adolescente.

11. Usar modalidades de control y programas de control, tanto para el teléfono móvil como para videojuegos. Consulta en la tienda donde compres el terminal.

12. Te sugiero que seas tú, padre o madre, quien compre el aparato electrónico y lo consideres tuyo, de modo que se lo prestas a tu hijo.

13. Todo marchará bien mientras se cumplan los acuerdos en un porcentaje elevado de ocasiones. Contempla dejarle un margen de error en el consumo del dispositivo electrónico.

«El mejor filtro/control parental son
los PADRES.»

# 7.
# De nada sirve compararlo con tu adolescencia

*«Yo, a tu edad, ya era capaz de...».*
*«Si le hubiera dicho yo eso a mi padre, menuda me habría caído...».*

Frases como estas y otras muchas más resuenan en el ambiente de hogares en los que se convive con un hijo adolescente. Se echa mano de la propia experiencia personal, de hace ya varias décadas, para traerla como criterio de referencia a un presente totalmente diferente y cambiante. En muchas ocasiones buscamos en la propia experiencia vivida en el pasado fundamentos para plantearnos y replantearnos qué está ocurriendo en el presente, ya que no se educa como se educaba en el pasado... ¿Qué ha ocurrido para que los criterios, las pautas y los estilos con los que nos educaron en un pasado ya no sirvan para educar en el presente? Y, en muchas ocasiones, te quedas atónito e impotente ante una reacción, respuesta o conducta actual de tu hijo adolescente que, de haber sucedido dicha reacción, respuesta o conducta en el pasado, habría provocado una consecuencia totalmente diferente.

¿Qué ha ocurrido? ¿Qué ha sucedido para que en la actualidad ya no se eduque como en el pasado? Pues sencillamente que en los últimos cuarenta años han cambiado todos los modelos de vivir y de relacionarnos en sociedad y, por lo tanto, también de vivir y de relacionarnos en la familia. Los modelos, es decir, el cómo se hacía, cómo se establecía, cómo se relacionaba, cómo se vivía, como se realizaba, cómo... todo ha cambiado en los últimos cuarenta años:

- El modo de vivir, educar y relacionarnos con la familia.
- El modo de vivir, educar y relacionarnos en la escuela.
- El modo de vivir y disfrutar del ocio.
- El modo de lograr y mantenerse en un trabajo.
- El modo de entender y participar en la política de la nación.
- El modo de dinamizar la economía familiar, comunitaria y nacional.
- El modo de entender y vivir las religiones.
- El modo de desarrollo de los medios de comunicación.
- El modo de convivencia y relaciones sociales.
- El modo de vivir y dinamizar la sexualidad.
- El modo de vivir los **valores** y los **criterios** que rigen la vida personal y social.

- El modo de ejercicio de la autoridad...
- El modo de...

¡¡TODO HA CAMBIADO!! Y hoy se vive a un ritmo y con unas características totalmente diferentes a hace treinta y cuarenta años... Podría dedicar parte de este capítulo a explicar los múltiples cambios que se han dado en todos los ámbitos de la vida humana y que he descrito escuetamente más arriba, pero creo que, a poco que te pares y recuerdes cómo se vivía hace cuarenta años y lo compares con el presente, te puedes dar cuenta del profundo cambio social, científico y tecnológico que se ha producido en las últimas décadas, justamente cuando a ti te toca criar y educar a tus hijos. Esta es la realidad y con ella hemos de contar y afrontarla, de tal modo que nos ayude a vivir y a educar en el presente del modo mejor y más certeramente posible.

> *«Yo, con una mirada de mi padre..., tenía suficiente.»*
> *«Hoy miras mucho a tu hijo como te miraba tu padre», te arriesgas a oír.*
> *«Papá, mamá, ¿a dónde miráis? ¿Os pasa algo?»*

Los avances tecnológicos, científicos y de investigación en todas las áreas de las ciencias, desarrollados durante el siglo xx, han impactado sobre todos los modelos de convivencia y de relaciones, creando estilos, ritmos, formas, estructuras y sistemas nuevos y diversos que han modificado la forma de vivir y de relacionarnos los humanos. Y entre estos ámbitos de cambio están la familia y el modo de relacionarnos y de educar en la familia actual. De nada sirve compararse con un pasado con el que no te puedes comparar, porque todo ha cambiado y todo ha evolucionado.

**Lo que tú viviste hace treinta o treinta y cinco años no es comparable con lo que tu hijo vive en la actualidad. Los criterios, los valores, las experiencias y las vivencias de entonces y ahora no pueden compararse.**

A modo de ejemplo: imagina una vida cotidiana en el hogar, en la escuela o en el trabajo, **sin nuevas tecnologías**. Este hecho haría desaparecer muchos de los problemas que se dan actualmente en la convivencia familiar, en la convivencia en el aula y fuera del aula, y muchos problemas, malentendidos y crisis en las relaciones sociales y de pareja... Y así, podríamos decir que en casi todos los ámbitos. Realidades que tanto tus padres, como los míos, no tuvieron que afrontar y resolver, porque no existía el desarrollo tecnológico que tenemos en la actualidad. Realidades que a ti, padre y madre actual, sí te toca afrontar y resolver. Ante esta situación, ¿qué haces? ¿Te anclas en un discurso de quejas comparando el pasado con el presente? Yo no te lo sugiero. Es hoy, en el presente, donde y cuando tienes que desarrollar tu función como padre y como madre, contando con las realidades que nos rodean y que hay que tener en cuenta para llevar a buen término tu función parental. ¿Se trata, pues, de luchar contra los elementos que emergen en esta sociedad en la que nos ha tocado vivir? ¿Se trata de eliminar las nuevas tecnologías de la faz de la tierra? Yo creo que más que eliminar hay que integrar y contar con estas realidades en la educación de tu hijo. No se trata de eliminar, ni de estigmatizar ni de demonizar realidades que son válidas y que ayudan al progreso de la humanidad. Tampoco se trata de decir si es bueno o malo, o si antes se vivía mejor o peor... Se trata de echar una mirada al presente y contar con lo que hay hoy. Esta es la realidad con la que se encontró tu hijo cuando llegó a tu vida, a tu casa, a tu barrio, a tu ciudad, a tu país y a este mundo de hoy.

No obstante, y desde mi humilde criterio basado en la experiencia profesional con muchas familias con hijos adolescentes, creo **muy importante** que los padres que hoy tengáis que educar a vuestros hijos pequeños, preadolescentes o adolescentes comprendáis que vuestros hijos han nacido en este siglo, en el siglo XXI, y que, desde que llegaron a vuestras vidas y a vuestras casas, han vivido con unas realidades tecnológicas, unos adelantos científicos y unos modelos de vida familiar, escolar, social y laboral con los que ni tú ni yo contábamos hace treinta, cuarenta o cincuenta años, y posiblemente, para ti y para mí, nos resulta extraño, sorprendente, novedoso, desconcertante y hasta alucinante que ellos no se den cuenta de los cambios vividos en este tiempo.

Pero lo cierto es que ellos llegaron a la vida con los cambios ya realizados y en progresiva evolución, los integraron en sus vidas como **lo normal**, como el **modo lógico** de relacionarnos, de convivir, de comunicarnos, de contactar, de afrontar, de gastar, de comprar, de invertir, de comer, de vestir, de... Tu hijo ve como normal lo que, para ti o para mí, puede resultarnos novedoso, sorprendente, diferente, un privilegio, una oportunidad o incluso una situación privilegiada.

Pues lo que creo que todo padre o madre sabe, y es que... hay que educar para un uso y disfrute adecuado y sano de las nuevas realidades, sin hacer daño a nadie ni que se lo causen a ellos. Hay que transmitir ciertos criterios y valores en los que cada familia ha de educar y ha de potenciar, tanto en el trato a los padres como al resto de los humanos, sin olvidar un marco de referencia ético en la conducta humana que dignifique a los seres humanos y el contexto natural en el que vivimos y con el que interactuamos. ¿Y qué es lo que les sucede a muchos padres y madres actuales? Pues que no están preparados para tamaño trabajo y responsabilidad. A ti te han preparado para desempeñar un trabajo o labor profesional, pero para educar a un hijo en un mundo cambiante y lleno de adelantos que evolucionan de modo vertiginoso, y de los cuales no tienes referencias vividas anteriormente, no te han preparado y puedes verte superado en muchos momentos. No obstante, con tiempo, paciencia, esfuerzo y una buena actitud para aprender, si te lo propones, puedes llegar a resolver, encaminar, reconducir u orientar situaciones en las que en otro momento hubieras tirado la toalla.

Desde estas páginas quisiera transmitir un halo de esperanza a todos los padres que os encontréis en momentos de desconcierto y desaliento en la crianza y educación de vuestros hijos, especialmente adolescentes. Hay realidades que permanecen, aunque cambien los tiempos y se produzcan adelantos y progresos inimaginables en un pasado no muy lejano. **Paso a comentaros dos realidades que permanecen inalterables con el paso del tiempo.**

1. **La familia** sigue siendo la **principal fuente y contexto de educación** en la vida de los hijos.

Entiendo por fuente y contexto de educación el lugar de origen (fuente) donde emana y surte, y el lugar donde se vive y aprende (contexto). ¿Qué es lo que se aprende y se vive en esa fuente que es la familia?:

- Los valores y los criterios que han de regir la vida personal y social.
- Las pautas, las normas y los límites que ayudan a orientarse en la vida.
- Los sentimientos y las emociones que dan valor y validez a tu persona y a tu vida.
- La seguridad y la certeza de la protección que te mereces desde pequeño.
- El consuelo y el apoyo en las dificultades y en los fracasos que vayan apareciendo en tu vida.

- La confianza y la seguridad en ti mismo porque confiaron en ti y te empujaron hacia delante sin sobreprotección incapacitante.
- El modo de comunicación contigo mismo y con los demás.
- El modelo de afrontamiento de los conflictos que vayan surgiendo en tu vida desde pequeño.
- El modo de disfrutar de la vida y de los humanos de una manera que te haga lo más feliz posible.
- Aprender a validarte y darte valor porque te validaron lo suficiente hasta que te creyeras válido, capaz y competente.
- La dignidad personal suficiente como para respetarte tú y hacerte respetar.
- Los afectos que necesitamos para vivir (alimento emocional).
- Aprender a **amar bien**, porque te amaron de un modo saludable y con apego seguro.
- A caminar con paso seguro y firme porque te indicaron el camino.
- ...

**Y todo esto**, aunque cambien los tiempos, se desarrollen las tecnologías, los avances científicos sean cada vez más adelantados y toda nuestra vida sea tecnológica y táctil... nada de todo ello podrá suplir el tacto y el olor de la piel humana, la mirada de tu padre o de tu madre orgullosos de tus logros o enfadados por tus desaguisados, la ternura de tu abuelo por abrazarte, los aplausos en un partido, en una audición, al final de tu obra de teatro o al desplegar tu belleza en un baile o una coreografía. Ninguna tecnología, por muy eficaz que sea, te escuchará con la ternura y con la sensibilidad de un buen amigo oyente activo. Ningún mensaje en tu móvil, por bonito que sea, podrá sustituir la voz de tu padre, madre, amigo o pareja que te lo susurre al oído. Ninguna fotografía, por premiada que sea, podrá sustituir a la misma visión de lo fotografiado en la realidad...

No obstante, hemos de vivir y educar en este mundo tecnológico, científico y en constante progreso, contando con sus características y sus medios, pero sin olvidar lo que nos hace humanos y nos humaniza y ninguna tecnología podrá sustituir.

2. Como se educaba, como se educa y considero que se seguirá educando en un futuro, sigue un esquema sencillo y a la vez complejo. Este esquema se resume en la combinación de dos parámetros.

## AMOR + AUTORIDAD

Siempre desde mi criterio profesional y desde mi experiencia clínica, para educar hoy y en un futuro es necesario la combinación de estos dos parámetros: **el amor y la autoridad**. Son la cara y la cruz de una misma moneda, que es la educación.

El **amor** hace referencia a la validación, a la aprobación, al refuerzo positivo, a la expresión física, verbal y no verbal de los afectos, al apoyo y los estímulos positivos, a la ternura, al reconocimiento del valor y de la validez, al consuelo, al compartir, al escuchar, al estar presente, al interés...

Y la **autoridad** hace referencia al ejercicio de las normas, criterios, límites y responsabilidades que los padres y madres tenéis que ir indicando, enseñando y haciendo que vayan asumiendo vuestros hijos a lo largo de su crianza y educación. Ni que decir tengo de que este segundo parámetro del esquema es el más complicado y desagradable de llevar a cabo.

Si educamos **solo con amor**, por lo general se tiende a sobreproteger a los hijos, con el riesgo de que en la adolescencia desarrollen conductas tiránicas y, cuando sean adultos, se manifiestan incapaces de asumir responsabilidades, con quienes es muy difícil de convivir. Y si educamos **solo con autoridad**, por lo general se tiende a desarrollar personalidades rígidas, intransigentes, no tolerantes, y con quienes es también muy difícil convivir.

## Pautas para educar desde el amor a tu hijo adolescente

- Sonríe en algún momento del día a tu hijo adolescente.
- Si en un momento determinado tu hijo te abraza, te besa o te hace alguna carantoña, no lo rechaces, disfrútalo, pero no insistas mucho en hacérselo tú a él.

- Estate en la vida de tu hijo. Dedícale tiempo de calidad. Preocúpate por su vida, pregúntale y acepta como normales los monosílabos como respuesta.
- Valida a tu hijo, en público y en privado. Aunque le dé vergüenza a él, pero no te reiteres demasiado. Utiliza los refuerzos positivos.
- Siéntete orgulloso de tu hijo, díselo con palabras y con gestos.
- Expresa tus sentimientos abiertamente.
- Permite que tu hijo llore y exprese emociones con el llanto.
- Reconoce tus errores, si los has tenido, sin miedo ni vergüenza. Crece la admiración de tu hijo por ti.
- Escucha a tu hijo con escucha activa, siguiendo los criterios de la comunicación **afectiva** con un hijo adolescente (capítulo 5).
- Acude a todos los eventos de la vida de tu hijo adolescente, siempre desde la distancia física, en la penumbra, arriba de la grada y al fondo del teatro, pero que te vea.
- Dile la verdad siempre a tu hijo adolescente. Crecerá la confianza en ti.
- No estés enfadado la mayor parte del tiempo que estás con tu hijo.
- No comparares a tu hijo con nadie. No te compares con nadie tampoco tú.
- En la medida en que a tu hijo adolescente le apetezca jugar contigo, o en familia, potencia y favorece el juego. Juega con tus hijos.

- Manifiesta **respeto** por sus opiniones, por muy inmaduras que sean.
- Atiéndele cuando te hable, no descaradamente, sin dejar de hacer lo que estás haciendo.
- **No descalifiques** sus opiniones o visiones ni, por supuesto, a sus amigos nunca.
- **No** hagas desprecios (quitar valor) o humillaciones (insultos) acerca de la vida, opinión, costumbres, estilos, visiones, etcétera, de tu hijo.
- Puedes decir tu opinión, tu visión, tu estilo, tu experiencia... acerca de cualquier tema o situación que trates con tu hijo adolescente, pero sin descalificar ni despreciar la opinión, visión o experiencia de él.

### Pautas para educar desde la autoridad a tu hijo adolescente

- Negocia los límites y las normas en la vida de tu hijo adolescente. Dan **seguridad**.
- Anuncia y aplica las consecuencias anunciadas.
- **Cumple** lo que acuerdes. No te desprestigies tú mismo. Si dices, anuncias o comunicas alguna decisión o consecuencia, tanto si es positiva como negativa, cúmplela. En la concordancia entre lo que dices y haces se fundamenta tu prestigio. Lo que digas, cúmplelo. Si no lo vas a cumplir, es mejor no decir nada.

- No dejes de indicar el camino que para ti es el más eficaz, indicado o correcto, pero sin sorprenderte de lo que decida tu hijo al elegir «otro camino» para afirmar su **yo**.
- No le resuelvas todos los obstáculos propios de su etapa evolutiva. Lo puedes acompañar al resolverlos, porque no son adultos con experiencia, pero han de aprender ellos a hacerlo.
- Supervisa dónde y con quién va tu hijo adolescente (amistades de tu hijo).
- Supervisa su rendimiento escolar. Acude a tutorías, aunque tenga un buen rendimiento académico, y en este último caso, utiliza los comentarios positivos del tutor para reforzar a tu hijo.
- Educa en la austeridad. No tenerlo todo y conseguir las cosas con esfuerzo. Enséñale a tu hijo adolescente a aplazar la compra de algún artículo que desee y que no sea necesario para su vida personal, escolar o social. Educa a no fomentar el inmediatismo actual.
- Educa en la frustración. El **no** es parte de la educación. Educa en que no puede conseguirlo todo y que ha de estar preparado para contemplar y aceptar esta realidad. Se puede esforzar y en algunas ocasiones no conseguir el objetivo por el que ha realizado dicho esfuerzo. Soporta las reacciones de frustración.
- Supervisa las actividades y los horarios de tu hijo.
- Favorece actividades físicas, deportivas y creativas.
- Potencia la inteligencia plástica, artística y musical de tu hijo, si la tuviera.

- Respecto a educar en la **vida digital**: si se va a comprar un **dispositivo** electrónico, hay que **negociar** y llegar a **acuerdos** previamente. Se ponen por escrito en forma de **contrato** (capítulo 6).

> **«No podemos proteger a nuestros hijos de la vida.**
> **Hemos de prepararlos para la vida.»**
> RUDOLF DREIKURS

# 8.
# Sus amigos, sus amigas... su tesoro

*«Solo quieren estar con sus amigos y amigas y ya no quieren venir con nosotros.» «Parece que ya no nos quieren.»*

Así es, parece que ya no te quieran, y es una percepción real de muchos padres y madres que tenéis hijos adolescentes. Y es que su referencia afectiva, su foco hacia donde dirigen sus afectos ya no eres tú, el padre o la madre, sino sus amigos y amigas. Y esto es ¡¡**normal**!!

En esta etapa descubren y viven, por primera vez en su vida, la experiencia del vínculo amoroso de la amistad por elección. Es la primera vez que el adolescente elige y es elegido por otros para ser su amigo. Y esta experiencia es de las más importantes en esta etapa de su vida. Hasta ahora, había experimentado el vínculo amoroso de sus padres hacia él, el vínculo paterno-materno filial. Y él sabe que su padre y su madre lo quieren, y si ha habido un buen apego seguro, sabe que lo quieren incondicionalmente.

En su infancia, la mayoría de las relaciones de amistad que han tenido estaban favorecidas y dinamizadas por el contexto, bien escolar o bien extraescolar; es decir, por el colegio, la clase o la actividad extraescolar en que participaban. En la adolescencia todo cambia, aquí eligen y son elegidos.

El vínculo amoroso de la amistad por elección que acontece en la adolescencia es, además de necesario, **¡¡impresionante!!** Si ya se sentían queridos por sus padres y madres, ahora aparece un plus en su mundo afectivo, y es que sus amigos los eligen a ellos y ellos eligen a sus amigos para sentir el amor de la amistad, y esta experiencia ocupa todo su mundo afectivo. Van a ser los amigos quienes van a ocupar su primer plano afectivo.

> *«Me quieren por ser yo y como yo soy, físicamente, emocionalmente, socialmente, intelectualmente...»*

Y esta experiencia no tiene precio, no tiene parangón, no tiene nada que la pueda sustituir, y por este motivo:

**El adolescente necesita estar mucho tiempo, y en contacto casi constante, con sus amigos.**

Y tú, padre o madre, pasas a un plano posterior en su mundo afectivo, allá, en la lejanía, de telón de fondo. Son dos ámbitos afectivos diferentes, el de los padres y el de los amigos, y el adolescente los necesita a ambos. Pero, en esta etapa (la adolescencia), el ámbito preponderante y prioritario, afectivamente hablando, es el de los amigos. A ti, madre o padre, van a recurrir, te van a ir a buscar, a preguntar, a consultar, a pedir por... interés, o en el caso de que lo estén pasando muy mal, para sentirse apoyados, pero ya **no** será el niño que te busca porque eres lo más importante en su vida. Ahora, lo más importante son sus amigos. Podríamos decir que la experiencia del amor de la amistad y la presencia de amigos y amigas en la vida de una persona son indispensables para su desarrollo evolutivo.

**¿Qué aporta la experiencia de la amistad en la vida de una persona?**

- La amistad es fuente de autoestima y de seguridad y, en la adolescencia, da mucha serenidad y calma. Estar con los amigos los calma y les da seguridad.
- Los amigos son fuente de afecto y experiencia de amor.
- Los amigos nos hacen crecer y nos socializan.
- Los amigos nos entrenan a soportar pautas, normas, criterios, puntos de vista, diferencias, etcétera, y aprendemos a contemplar las diferencias y la diversidad.
- Los amigos favorecen el sentido de pertenencia. En este sentido, también es lugar de apoyo, de ayuda y de refugio en momentos difíciles.

Cuando la amistad se consolida con el paso del tiempo y supera las adversidades y las pruebas que aparecen en el camino de la vida, los amigos son un auténtico tesoro que cuidar y disfrutar.

El adolescente, cuanto más inseguro, inestable o vulnerable se sienta, más va a necesitar a los amigos. Cuanto más inseguros o inestables se sientan en su vida afectiva, emocional, social, familiar o sexual, más van a necesitar y van a buscar a los amigos, no para consultarles o hablarles de su situación, sino **para estar con ellos**. La presencia y el estar con los amigos les da seguridad, los calma y los tranquiliza ante sus miedos y su vulnerabilidad. Pasan horas y horas con los amigos, pero **¡¡no pierden el tiempo!!** Ellos **invierten el tiempo** con los amigos, simplemente por estar a su lado, soltando cualquier tontería, hablando de temas triviales o wasapeando entre ellos; solo por estar con ellos calman su inseguridad, sus preocupaciones, sus miedos...

En este contexto surge lo que llamamos **la presión de grupo**, que hace referencia al influjo que ejerce el grupo de amigos sobre la conducta, los pensamientos o los sentimientos de tu hijo adolescente. Esta presión de grupo puede llegar a modificar criterios, pautas, normas, límites, actitudes, hábitos y valores en los que tú has educado a tu hijo adolescente en los años precedentes. Esta presión de grupo surge al pertenecer a un grupo de amigos, y se activa al sentirse él dentro de dicho grupo. Esta pertenencia los lleva a actuar de un modo en que él sienta que el grupo de amigos lo acepta y lo reconoce como perteneciente a dicho grupo. Por este motivo, en algunas ocasiones modifican su conducta o su actitud fuera de casa cuando están con sus amigos.

El adolescente, en muchas ocasiones, se transforma cuando está con sus «iguales» (amigos). Y si se encuentra con su padre o su madre, estando con sus amigos, te podrá hablar, mirar, tratar, dirigir o inhibir, e incluso ignorar o despreciar, de una manera que en casa no lo hacen ni lo harían. ¿Y por qué? Pues porque delante de los «iguales» tienen que manifestar que ya son mayores, que ya no son niños que actúan como dicen los padres, que ellos ya dicen las cosas de otro modo, que no mandáis sobre ellos, etcétera.

Tengo muchas; recuerdo muchas anécdotas de padres o madres que me preguntan: «¿Cómo es posible que en casa se comporte con mayor naturalidad y espontaneidad y fuera de casa casi nos ignora? Salimos a la calle y si nos lo encontramos con sus amigos, nos mira y nos habla de una manera que nos llama la atención y nos sentimos incluso despreciados». Y no es porque os desprecie, que no, insisto: tu hijo no te desprecia, no te deja de querer, eres una referencia en su vida de seguridad y de amor. Simplemente es que delante de sus amigos tiene que comportarse «como un mayor» y no puede emitir conducta de niño. Este comportamiento desaparece cuando entra en la juventud y vuelve a permitirse, delante de quien sea, la expresión de sus afectos hacia ti, su progenitor.

Tú, padre o madre, sigues siendo fuente de amor, de seguridad, de autoridad para ellos, pero... cuando están con sus amigos, se transforman y dejan de actuar como en casa, porque delante de los amigos tienen que manifestar que son mayores y que ellos ya pueden hablaros y deciros las cosas de otro modo.

Por este motivo, te sugiero que cuando tu hijo adolescente esté con sus amigos, bien en casa o fuera de casa, **no lo trates como a un niño**, háblale, dirígete a él, coméntale, consúltale, pregúntale... **de otro modo**, como si ya fuera muy mayor... ¡¡Hazme caso!!

Yo les sugiero a muchos padres y madres en mis conferencias que cuando se encuentren con su hijo adolescente por la calle, y este vaya con sus amigos, que los padres estén muy atentos a tratarlos **de otro modo**, y les sugiero que no se adelanten a darle un beso, a tocarlo, a abrazarlo, a «tratarlo como cuando era un niño»...

*En cierta ocasión, en una conferencia, hablando de este tema, no fui tan explícito en cuanto a «no adelantarte a besarlos, a tocarlos, a abrazarlos»... Solo hice referencia a «no adelantarte a besarlos».*

*Al cabo de un par de meses, me encontré, en otra conferencia, con una señora que me había escuchado en aquella primera conferencia en la que no fui tan explícito. Al finalizar, se acercó a mí y me dijo:*

*«Don Antonio, me pasó lo que usted comentó: me encontré con mi hijo y con sus amigos por la calle, íbamos mi marido y yo, y él se acercaba con sus amigos por la misma acera... Y claro, llegamos a su altura. Y yo me acordaba de "no adelantarme a darle un beso", y ¿sabe lo que hice?».*

*La miré con sorpresa y expectación y le pregunté: «¿Qué hizo?».*

*Y me espetó toda risueña: «¡¡Pues le arreglé la ropa!!» (cualquier cosa menos dejar de tocar).*

Desde entonces, soy mucho más explícito en mis conferencias cuando hablo de este tema: no te adelantes a darle un beso, no le arregles la ropa, no le toques el pelo, no lo abraces, no... **¡¡Nada!!** Otra cosa es que tu hijo se acerque a ti y haga además de besarte, abrazarte, etcétera. Entonces **sí, disfruta del momento.** Si no se acerca a ti, incluso te sugiero que te mantengas a 120 cm de distancia, que es la distancia social normalizada.

## Cómo fomentar buenos amigos

Esta es una de las preguntas que más frecuentemente me plantean los progenitores en las conferencias y escuelas de madres y padres. ¿Cómo o qué podemos hacer para fomentar los buenos amigos de nuestros hijos?

Lo primero y muy importante que hay que saber es que **no puedes elegir a los amigos** de tu hijo adolescente. Ya hemos comentado, anteriormente, que la amistad en la adolescencia es **por elección**. Y esto lo hace cada adolescente sin participación de los padres.

Y lo segundo, y también muy importante, que hay que saber y aprender, desde mi experiencia clínica y mis conocimientos, es que **no es oro todo lo que reluce**, y en algunas ocasiones creemos que «son buenos o majos los que luego más daño hacen» y a la inversa, que «los que creíamos que eran complicados, difíciles o no tenían buena pinta» resulta que le han hecho mucho bien a tu hijo adolescente.

Antes de pasar a sugerir algunas pautas para fomentar «buenos amigos», os comento un criterio para mí muy importante y que utilizo mucho en la consulta con los adolescentes para **diferenciar los buenos amigos de los que no lo son**, y se lo explico según las conductas que tengan con ellos. Les digo:

**Los buenos amigos...**
- No te dejan en la estacada si han hecho un plan contigo.
- No se olvidan de ti si han quedado a una hora.
- Cuentan contigo para hacer planes.
- No te mienten.
- No se ríen de ti de modo humillante en público.
- No te desprecian.
- No se comportan de modo diferente cuando están a solas contigo o cuando están delante de otros.
- Comparten contigo.
- Crean intimidad contigo.
- Te valoran en algunas cualidades que tú tienes.
- No te traicionan con otros amigos.
- Te consultan o te preguntan sobre temas que saben que tú dominas.
- No les da apuro conocer a tus padres o ir a tu casa.

- No te animan a consumir sustancias tóxicas o beber alcohol de un modo no adecuado para tu edad.
- Si te pasa algún percance, te socorren y te ayudan.
- No te presionan de modo «violento» física o psicológicamente para que realices algo que tú no quieres realizar. Respetan tus decisiones.

**PERO... también les digo:**
- No siempre aciertas a la primera con los buenos amigos.
- En alguna ocasión, has de sufrir alguna decepción o sorpresa de alguien que nunca pensabas que te iba a fallar y te ha fallado.
- Posiblemente, te puedas equivocar en la elección de amigos y, a pesar de que te lo estén diciendo otros «desde fuera», tú no lo veas y decidas seguir permaneciendo en tu error. Así, hasta que aprendas de tus errores por el sufrimiento que has vivido.
- En algún momento, puede ser muy doloroso sentirte solo, pero es mejor estar solo que seguir sufriendo humillaciones y desprecios por parte de tus supuestos «amigos».
- Si en un futuro te encuentras solo y sin amigos, háblalo con algún profesor, tutor, monitor o con un adulto de tu confianza, con algún familiar, con tu madre o tu padre, o vente a la consulta y lo comentas conmigo... Pide que te ayuden a buscar soluciones.

*Pautas para fomentar «buenos amigos»*

Aparte de comentar y charlar con tu hijo los criterios más arriba expuestos, te sugiero:

**Desde pequeños, favorecer en la vida de tu hijo:**
- Actividades que socialicen.
- Actividades que le hagan destacar, sentirse a gusto consigo mismo.
- Actividades deportivas, creativas, musicales o teatrales que les gusten a ellos, y no solamente a nosotros.
- Ilusionarse con él y lo que él hace.
- Apuntarlos a centros juveniles, asociaciones juveniles, clubes deportivos, centros de actividades creativas, organizaciones culturales locales...

**En la preadolescencia y adolescencia:**
- Favorecer el conocimiento de los amigos:
  - Que vengan a casa y que tu hijo vaya a casa de algún amigo.
  - Que duerman o estudien o hagan algún trabajo en casa.
  - Facilitar que vengan a ver series, YouTube, etcétera.
  - Tener pizzas y refrescos preparados para ofrecerles a los amigos.
  - Tener helados para poderles ofrecer (según la época del año).
- Conocer a los padres de los amigos.

- No hablarles mal de sus amigos.
- Mantener el padre y la madre un estilo de vida abierto a los demás, en el que os vean con amigos vuestros y que os vean disfrutar de ello.
- Favorecer una buena autoestima. Valorar positivamente a tu hijo y a sus amigos.
- Proponerle a tu hijo experiencias de **éxito**, en las que «brille» por sus cualidades.
- **No fomentar** miedos e inseguridades. No fomentar el miedo, la duda ni la incertidumbre ante sus decisiones o propuestas.
- Evitar pretender tener siempre la razón, favorecer la tolerancia y la pluralidad.
- Enseñar a comunicarse sin agresividad.
- Las apariencias engañan. No te dejes llevar por las primeras impresiones.
- Estate más atento a las conductas de sus amigos y a la repercusión que tienen sobre tu hijo (criterios expuestos más arriba).

*Y... si no me gustan sus amigos. Amigos no deseables*

- No te dejes llevar por las apariencias. Espera y analiza repercusiones.
- Si confirmas que **no** son muy adecuados:
  - No se lo recuerdes frecuentemente... **los defenderá** (porque los ha elegido él).

- Cuanto **menos** te gusten a ti **más** le gustarán a él (por el proceso de afirmación del **yo** que está viviendo).
- No le prohíbas salir con esos amigos. Lo harán a escondidas y se fomentan el ocultismo y la mentira.
• Potenciar actividades o planes alternativos que faciliten la desconexión del grupo de amigos no deseables.
• Favorecer el conocimiento de los amigos:
  - Dejar que vengan y tengan en casa un espacio donde hablar con intimidad, donde escuchar música, ver una película...
• **No te distancies** de tu hijo por el hecho de que sus amigos no te gusten y que, a pesar de tu opinión, tu hijo no los abandone.
• Si el adolescente está a gusto en casa, con su familia, no rechazará la invitación de traer a sus amigos a casa.
• Si vienen, no es necesario estar encima del grupo. Déjales su espacio. Sí puedes observar desde lejos cómo se comportan y se relacionan entre ellos. Pero desde muy lejos.
• No hay que mantener una vigilancia constante, pero sí demostrar un discreto interés por su pandilla.
• Si hay cambios llamativos en su vida cotidiana, tanto en el trato familiar, como escolar, social, etcétera, hacerle saber que esto se puede deber a la influencia de los amigos, sin que por ello haya que obligarle a dejarlos. Hazle saber que estos cambios que detectas en su conducta te preocupan y, de continuar, tendrás que buscar soluciones.

- Favorece actividades de familia extensa (primos, tíos, abuelos, etcéterea) para no fomentar la salida con el grupo no deseable.

Y por último... Uno de los dramas que se dan en la adolescencia y que nos encontramos con cierta frecuencia, aunque menos que los amigos no deseables, es la situación de...

## Y... si mi hijo no tiene amigos

Para abordar esta realidad, te comento:

- Solo es necesario un amigo. No hay que insistir en tener muchos amigos.
- Para el adolescente no siempre es fácil el proceso de descubrir cuál es el ambiente en donde encaja.
- Este proceso de «vinculación con los amigos» no es instantáneo ni necesariamente fácil.
- No todos los adolescentes pueden hacer muchos amigos. Algunos adolescentes pasan por un periodo en el cual no tienen ni siquiera un amigo. Son los grandes solitarios. Aunque no es lo frecuente.
- Si se retrasa el proceso de encontrar un amigo, puede deberse a:
  - No estar dispuesto a ocupar su lugar entre sus iguales.
  - No coincidir con los intereses del grupo.

- No se ha desarrollado fisiológicamente como los otros.
- Nadie puede hacer amigos para otro.
- Lo único que pueden hacer el padre o la madre es tratar de determinar los problemas subyacentes que se interponen en el camino de su hijo para lograr tener amigos. Evita ser un planificador de la vida social de tu hijo. No le organices encuentros con hijos de tus amigos para que llamen al tuyo. Si se entera, será muy humillante para él, porque no es por elección, sino por imposición.
- No lo compares con los hermanos «brillantes» socialmente.
- Evita ser crítico con la situación de no tener amigos.
- No critiques a los pocos amigos que pueda tener tu hijo.
- Anímalo para que se apunte a actividades en grupos pequeños.
- Participa en actividades en las que tu hijo destaque.
- Empújalo a salir de casa... Ayúdalo a afrontar el miedo o la inseguridad que le provocan las relaciones sociales, aunque suponga que, en un principio, lo tengas que acompañar tú.
- Incluye en alguna actividad social tuya, con adultos, a tu hijo.
- Los amigos virtuales **no** son **reales**, por lo tanto, no fomentes que se quede en casa con sus «amigos virtuales».

La amistad es una de las experiencias más importantes en la vida de los seres humanos, por ello, hemos de fomentarla desde que los hijos son pequeños. Sin forzar, pero sin aflojar, animando e incluso empujando a que afronten los miedos y las inseguridades. Y, en muchos momentos, fomentando actividades en las que tu hijo «brille» con luz propia, aunque no sea una actividad que a ti te guste o te convenza o creas que es de minorías. Allí, entre los minoritarios, tal vez tu hijo tenga su lugar socialmente hablando.

¡¡Mucho ánimo!! Y disfruta de la amistad.

# 9.
# No te expongas mucho a la presencia de tu adolescente

*«Ya no quiere salir o viajar con nosotros... ¡¡Con lo que me gusta a mí que pasemos juntos el día en familia!!»*

*«Es que parece que venga a por mí.»*

*«En cuanto me ve, ¡¡pone una cara de asco!!»*

Y es que, en realidad, y por mucho que te pese, tu presencia provoca y activa en tu hijo la afirmación de su yo, que ya hemos comentado en anteriores capítulos. Tu hijo adolescente, ya no se siente un niño, y cualquier palabra, mirada, gesto, postura o actitud corporal por tu parte hacia él en el presente que le recuerde a alguna palabra, mirada, gesto, postura o actitud corporal del pasado, activa en su mente y en su cuerpo el recordatorio de que ya **«¡¡no soy un niño!!»** y por lo tanto **«¡¡no me trates como un niño!!»**, y de ahí su mirada de desprecio, o de vergüenza, o de ira, o de ganas de... hacia ti.

## ¡¡Tu mera presencia le puede provocar!!

¿Y qué hacer entonces? Pues no te expongas mucho a la presencia de tu adolescente, a menos que te apetezca recibir una mirada de desprecio, un gesto de «¡¡qué vergüenza de padre!!», una postura indolente o simplemente que ignore lo que le estás comentando... Te sugiero que elijas los momentos para estar con tu hijo adolescente y que no los prolongues por mucho tiempo.

Entonces... ¿no me puedo relacionar con mi hijo adolescente? Sí, claro que sí, pero **no como antes**. No como cuando era un niño con cuatro, seis, ocho, nueve o diez años... Entonces os veía como la «supermamá» o el «superpapá» a los que admiraba, idolatraba, veía siempre guapos, delgados, monísimos, cuyas palabras siempre le convencían, con toda la razón en vuestros criterios y sugerencias, con la solución para todo... Y de pronto, al cumplir los doce/trece años, comienzan a verte **«de otro modo»**: ya no eres tan monísimo, tan guapo, tan delgado, ni tan súper... Y tus comentarios le parecen «anacrónicos» y pasados de moda, ya no entiendes de casi nada y tus sugerencias son de la era cuaternaria, ya no eres su «mami» o «papi»... Simplemente eres «¡¡su madre!!» o «¡¡su padre!!», que lo agobia, que eres pesado y que solo desea que lo dejes en paz. Cuanto más te expongas a la presencia de tu adolescente, más probabilidad tienes de sufrir todo este tipo de reacciones y conductas por parte de él.

El adolescente necesita provocarte para ver cómo reaccionas tú y entonces aprovecharlo para afirmar su **yo**... Necesita expresar con contundencia y con firmeza delante de ti, ante lo que tú digas, expreses o sugieras, que él «**¡¡ya no es tu niño, ya es mayor!!**» y que, por lo tanto, tiene su propia opinión, sus gustos, sus criterios, sus... Y estos no podrán ser como los tuyos, porque de lo contrario se vuelven a sentir como el niño que eran hace unos meses o años y cuya opinión era como la tuya... Su opinión, sus gustos, sus criterios y sus decisiones siempre serán diferentes a los tuyos, porque no puede ser como antes: «**Ya soy mayor**». Así, cinco años mínimo.

> *«¡¡Ponte esta camisa que te sienta fenomenal!!»... Y no se la ponen.*
>
> *«¡¡Súbete el pantalón que lo llevas arrastrando!!»... Y se lo bajan más.*
>
> *«¡¡Aprovecha y organiza tu habitación!!»... Y te miran con cara de... «estás que voy a hacer eso».*

Toda opinión, sugerencia, propuesta, orden, comentario... TODO te lo van a cuestionar, invalidar, ridiculizar, ignorar... porque «**él ya es mayor**» y tiene su opinión, su gusto, su criterio, su idea, su... totalmente inmaduro, pero es el suyo.

Por todo esto te sugiero que no te expongas mucho a la presencia de tu adolescente.

Y todo esto que te he comentado, está al margen del amor que te tiene. Tu hijo te sigue queriendo, pero «**de otro**

**modo**», no como cuando era ese niño cariñoso, feliz a tu lado, contento de ir de la mano contigo, que le gustaba jugar y divertirse contigo, que te dedicaba miradas de admiración... Ahora te sigue queriendo, pero... «**de otro modo**». Y él necesita que lo sigas queriendo, pero... «**de otro modo también**», no del modo en que tú le expresabas tu amor cuando era niño... De este modo ya no les sirve, no les llega... En el capítulo 7 abordo el modo de expresar el amor a un hijo adolescente.

## Sugerencias para convivir con tu hijo adolescente sin que resulte dañada la relación

*Que agudices tus sentidos*

*1. Que aprendas a* MIRAR *de otro modo*

Tanto a tu hijo como lo que hace, lo que lleva puesto, lo que trae, su pelo, su ropa, su maquillaje, su... no se trata de **no mirar**. ¡¡**Cuidado**!! Se trata de que al mirar a tu hijo no estés constantemente corrigiéndole, prohibiéndole, descalificándolo o despreciando su decisión. No lo puedes mirar como el niño que era y que vestía, se peinaba, se arreglaba o se maquillaba como tú le sugerías y según tu gusto y tu criterio. Ahora ya no puede ser así, tu hijo adolescente tiene su gusto y su criterio, inmaduro, influenciado y tal vez presionado..., pero es el suyo y hay que tenerlo en cuenta.

Mira y observa a tu hijo adolescente de un modo que puedas ver en él algún rasgo, actitud, conducta o reacción que te hable bien de él. No estés constantemente mirándolo, observándolo, analizándolo o sacando conclusiones que, en muchas ocasiones, son erróneas o incompletas. Toma cierta distancia emocional para poder mirar y contemplar a tu hijo adolescente; en muchos momentos no estás tú en condiciones emocionales de contemplarlo con cierta serenidad. Con respecto a cosas, prendas o propuestas que te haga, habrá que negociar y pactar, y en determinados casos no ceder, pero serán lo menos.

## 2. *Que aprendas a* OÍR DE OTRO MODO

No estés constantemente oyendo lo que dice o comenta. Sitúate de otro modo ante sus opiniones inmaduras, que él cree como las más acertadas y veraces. Escúchalo cuando esté comentando, exponiendo, hablando..., pero aprende a tomar distancia de sus comentarios y sus opiniones, y filtra en tu mente lo que esté diciendo y comentando... No te olvides de que su opinión y su punto de vista irán cambiando con el tiempo y los irá modificando acorde a sus experiencias y a su proceso de maduración. De lo contrario, corres el riesgo de entrar en una conversación con unos diferentes niveles de madurez, de crecimiento, de experiencia de la vida, de acúmulo de vivencias..., y puedes verte inmerso en una «batalla campal» de opiniones y de intentos de convencerte y de convencerlo, en la que solamente te has metido tú.

Oye, escucha, mira y piensa bien lo que vas a comentar o decir en ese momento. Hay que ser inteligente, un sabio (experto) de la vida y con más experiencia acumulada, y no entrar en batallas dialécticas con tu hijo adolescente en las que siempre se pierde.

### 3. *Que aprendas a* OLER DE OTRO MODO

No se trata de ignorar los olores propios de los procesos hormonales y de la habitación desordenada como «una leonera» y por recoger desde hace semanas o meses... No, no es cuestión de ignorar todo eso y de vivir como si no olieras nada. Lo que te sugiero es que no lo huelas cada vez que salga y regrese a casa, especialmente cuando regrese de estar con los amigos. Tu hijo adolescente sabe muy bien que lo hueles, que lo miras, que le «repasas» su aspecto al volver de estar con sus amigos... Y, por lo general, tienden a disimular el olor a tabaco, o a alcohol o a otras sustancias, con el fin de que tú «no sospeches»; es casi como un juego que se establece entre padres y adolescente.

Se trata de **no** estar descalificando el olor que emana de su habitación todos los días, esperando que a tu hijo adolescente le importe o le moleste tanto como a ti te molesta el dichoso olor... No, a tu hijo adolescente no le molesta, ni le preocupa, ni le irrita ni le incomoda el dichoso olor... Simplemente no lo huele como tú. Te sugiero que cierres la puerta de su habitación y pongas un ambientador en el pasillo, con el fin de que huela de otro modo. Y... negocia que ordene su habitación, al menos, un día a la semana.

## 4. *Que aprendas a TOCAR DE OTRO MODO*

De esto ya hemos hablado en otros capítulos. Por lo general, el adolescente, que ya no es un niño, no le gusta que lo toquen, lo besen, lo abracen y lo achuchen como lo hacían cuando era el niño cariñoso que fue. Al mismo tiempo, el adolescente necesita distanciarse físicamente de los padres para sentirse mayor, no como un niño.

Una cosa es que tu hijo venga a besarte o a abrazarte porque le apetece a él, y otra es que tú vayas a hacerlo porque te apetece a ti. En este último caso, puedes encontrarte con un «¡¡¿Qué vas a hacer?!! ¡¡¿A dónde vas?!!», y sentir que tu hijo desprecia el contacto contigo. El adolescente suele aceptar el contacto físico según su personalidad y su género. Y tú, padre o madre, has de identificar el modo en el que te puedas acercar a tu hijo y no salir frustrado.

En lugares públicos, te sugiero que esperes a que tu hijo se acerque a ti, y si lo hace, esperar a que haga ademán de acercarse, besarte, abrazarte... Si no lo hace, no te adelantes a él y no lo hagas. Con su conducta te está indicando que en público no le gusta que vean cómo te abraza o te besa, es un sentimiento de pudor y de vergüenza porque al hacerlo cree que los demás lo ven como un niño pequeño que todavía actúa como sus padres le dicen o esperan.

## 5. *Que aprendas a* GUSTAR DE OTRO MODO

Gustar de la presencia de tu hijo adolescente en el momento y el instante presente. Pretender que un momento bonito, espontáneo, cercano, tranquilo y sin cara de «asco» se prolongue en el tiempo es un deseo loable, aunque una realidad bastante difícil o casi imposible que se produzca. Como ya te he comentado anteriormente, por cualquier gesto, postura, comentario, mirada o actitud corporal que emitas, se puede disipar con facilidad ese momento tan «especial», de ahí lo de aprender a gustar el momento con tu hijo adolescente. Ya que esperar que se reproduzca, se mantenga o se prolongue en el tiempo es bastante improbable.

Y, aunque breves y a veces esporádicos, hay momentos muy bonitos, espontáneos, ocurrentes y divertidos con tu hijo adolescente. ¡¡No te los pierdas y degústalos con auténtico placer!! Que no te traicione el pensamiento de «¿por qué no puede ser siempre así?». Ya sabes que no puede ser. Degusta el momento presente, efímero, porque se esfumará.

## 6. Que aprendas a aplicar el SENTIDO COMÚN con tu hijo adolescente

¿A qué me refiero con sentido común? Pues a que, después de saber lo que sucede en una adolescencia: cómo se comporta la mayoría de los adolescentes, sus rasgos y sus crisis, la necesidad de afirmar su yo, su búsqueda de independencia, autonomía y originalidad, la inestabilidad emocional que viven, la necesidad de estar con sus amigos y de distanciarse físicamente de su padre y de su madre, sus intereses, que en nada se parecen a los tuyos (su cuerpo estéticamente, su móvil y sus amigos), su necesidad de experimentar, de vivir, de expandirse... Entonces, te paras y, conociendo a tu hijo adolescente, sabiendo las características reales de tu hijo, no lo que te gustaría que tu hijo tuviese o fuese, sino contando «con lo que tienes», «con la realidad» y haciendo memoria de todo lo que sabes sobre la adolescencia, piensa en tu hijo y con serenidad y decide:

- Lo que vas a hablarle, a comentarle y cómo y cuándo lo vas a hacer.
- Qué mirarle y cuándo hacerlo.
- Cuánto olerlo.
- Cómo degustar su presencia.
- Lo que vas a repetirle y a proponerle.
- Lo que vas a negociar y renegociar.
- Por lo que vas a reprenderlo, a enfadarte...

Es decir, **ajustar tus expectativas a la realidad de tu hijo en este momento**, para que no te frustres mucho y logres transitar por esta etapa de la adolescencia, un cierto complicadilla, y salir lo más airoso de ella.

Quien más tiene que aprender en esta etapa eres tú, padre o madre con hijos adolescentes. Ellos no pueden dejar de crecer, evolucionar, desarrollarse, adquirir experiencias, vivir conflictos, enamorarse, desenamorarse, sufrir traiciones de los amigos, abrir su corazón a la intimidad, descubrir la sexualidad, sentir el deseo sexual por otro ser humano, aprobar, suspender, brillar, sentir la excelencia y el fracaso, sentirse omnipotente, capaz, vulnerable, con miedos, inseguro, soñar, desear... Y necesitan de entrenadores que los acompañen en este proceso llamado adolescencia, en el que entra como niño y sale como joven. Necesita de personas, su padre y su madre, que sepan acompañarlo; a cierta distancia, pero cercanos; indicándole el camino, pero respetando su decisión, su ritmo, su capacidad y su destreza a la hora de caminar.

Como «**entrenador para la vida**» que eres de tu hijo adolescente es importante que actúes lo más coordinado con el otro entrenador. Si estáis juntos los dos bajo el mismo techo con tu hijo adolescente, te sugiero unas estrategias de trabajo en equipo como entrenadores:

- Ante una situación que te plantea tu hijo y que es relevante, de cierta importancia, que repercute en el horario o la planificación del fin de semana, o que implica un esfuerzo por parte de alguno de los entrenadores, no tomes decisiones unilaterales sin comentarlo antes con el otro entrenador. Te sugiero la frase: «Lo comentaré con papá –o con mamá– y ya te diremos». Ante esta respuesta, el adolescente tiende a presionar y a insistir en la urgencia y necesidad de la respuesta inmediata. No entres a esta presión. Insiste en que lo has de hablar antes con el otro progenitor («entrenador»). No te dejes manipular ni sucumbas ante su presión.

- Delante de tu hijo adolescente no descalifiques ni desautorices al otro entrenador. Ante un comentario de tu hijo que cuestiona la opinión, la actuación o la reacción del otro entrenador, escúchalo, dile que lo has de tratar con el otro progenitor, pero no emitas una opinión a favor o en contra del otro entrenador. Protegeos mutuamente.

- Aunque sea en diferente proporción, es importante que ambos progenitores, ambos entrenadores, estéis al tanto de la vida de vuestro hijo adolescente. Es importante que pongáis en común situaciones que habéis vivido, escuchado, olido o sentido acerca de vuestro hijo adolescente; que busquéis estrategias en común, que pactéis acuerdos para negociar con él, que os apoyéis en esta labor de ser entrenadores para la vida de vuestro hijo.

- Ante situaciones de conflicto o problemáticas es importante buscar soluciones. No aplazar la búsqueda de solución. Y si es necesario, acudid a un profesional.

En el caso de que ambos entrenadores no viváis juntos porque os habéis separado o divorciado, en la medida en que se pueda, es importante seguir las pautas anteriores. No obstante, desde mi experiencia clínica, los hijos cuyos padres están divorciados tienden a adaptarse con cierta facilidad a las diferentes pautas educacionales que pueden darse en cada uno de los respectivos hogares. A lo que no se llegan a adaptar y les provoca un daño emocional que posteriormente hay que reparar es a la descalificación y el cuestionamiento explícito, tanto verbal como no verbal, de un progenitor sobre el otro. Desde mi punto de vista profesional, si unos padres deciden divorciarse, el poder llevar a cabo este proceso sin la descalificación y el cuestionamiento explícito del otro progenitor sería suficiente y válido para llevar, desarrollar y ejercer su labor educativa unilateralmente, aunque hubiera discrepancias de criterios, formas o estilos... Lo importante y esencial es que un hijo **no oiga** hablar mal a un progenitor sobre el otro progenitor. Desde mi humilde opinión, esta es la gran pauta que hay que seguir en caso de padres divorciados.

# 10.
# Sus responsabilidades en el punto de mira

*«No hace ninguna de las tareas que tiene asignadas.»*
*«Parece que soy su asistente o su sirviente.»*
*«Todo lo que puedan hacer otros por mí yo no lo hago.»*

El adolescente tiene un mensaje grabado en su cerebro y en su mente, que viene a decir algo así como: «Todo lo que tengo que hacer yo, si encuentro a alguien que lo haga por mí, yo no lo hago». Y eso es lo que va a intentar y persistirá en el intento. Si tiene que hacer alguna tarea doméstica o algún cometido para la casa, va a buscar la manera, con diferentes estrategias, de escaquearse de dicho cometido y buscará a alguien que, bien por hartura, por no oírlo más, por dejadez o bien por cómo sea, se harte y lo haga por él.

Quejas habituales de padres y madres con hijos adolescentes:

- «Mi hijo no hace los deberes que le mandan en el colegio».
- «Mi hija no hace ninguna tarea doméstica».
- «Mi hija, cuando se maquilla, deja todo esparcido por ahí».
- «Mi hijo no ayuda en nada, no pone ninguna lavadora, no pone ni quita la mesa, no recoge ningún lavavajillas».
- «Mi hijo no saca la ropa sucia de la habitación».
- «Mi hija no colabora: no se levanta cuando suena el despertador y tengo que entrar yo a llamarla cuatro o cinco veces».
- «Mi hijo deja la mochila con los libros por ahí cuando llega del colegio».
- «Tengo que ir detrás de ella recordándole que haga esto, ponga lo otro, recoja aquí, coloque allá, no deje restos por ahí, saque aquello, guarde esto otro...».

## ¡¡Parezco su asistente o su sirviente!!

Sacar la ropa sucia al cesto para lavar, hacerse la cama, recoger la ropa que ha dejado esparcida por la casa, poner los platos o vaciar de platos el lavavajillas, tender o recoger la ropa, pasar la aspiradora por el salón, limpiar la bancada de la cocina cuando se preparan algo para merendar o cenar... Estas y otras muchas tareas que, habitualmente, se le encomienda a un adolescente suelen convertirse en objeto de «escaqueo» o de «Luego lo haré» o «Ya voy... ¡¡Pesado!!» o...

«¿Qué ha pasado?», me preguntan los padres, y me dicen: «Cuando era pequeño era mucho más ordenado, colaborador, más aseado, más dispuesto... ¿Qué ha sucedido para que ya no lo haga?». Principalmente han sucedido varias cosas, pero dos de ellas son las más relevantes, según mi criterio:

1. Se siente mayor y todo lo que hacía de niño ya no quiere hacerlo igual. Todo lo que durante ocho-diez años ha hecho de modo ejemplar, colaborando, ayudando, limpiando, recogiendo, ordenando, ayudando... **todo** lo dejan de hacer o por lo menos lo hacen de otro modo... ¿Y por qué? Pues porque se sienten mayores y todo lo que hacían de niños ya no lo tienen que hacer igual, justo por sentirse mayores. «Ahora tiene que hacer las cosas de otro modo, de mayor».

2. Su interés ya no está en ayudar, colaborar, ordenar, recoger, limpiar, poner o quitar... Su interés está focalizado en otros temas que ya hemos comentado anteriormente: su **cuerpo** estéticamente hablando, sus **amigos** y su **teléfono móvil**. El resto ya no le interesa, no le importa, no le motiva, no le apetece, no representa para él un motivo de conflicto ni de enfado, como puede suponer para ti, padre o madre. Sacar la ropa sucia, hacerse la cama, ordenar la habitación, recoger el lavavajillas..., y un sinfín de tareas domésticas más pasan a un plano posterior, bastante lejano en el horizonte de sus intereses.

Sin embargo, es uno de los hábitos que hay que intentar mantener, en lo posible, durante la adolescencia. Según mi criterio no ha de ser el tema principal o central en la educación de un adolescente por parte de su padre o madre, pero tampoco dejarlo de lado hasta el punto de que se acostumbren a que se lo hagan todo.

Voy a sugeriros alguna estrategia para conseguir que tu hijo adolescente mantenga una mínima disposición a colaborar y no pierda el hábito de la responsabilidad. Entiendo por responsabilidad «la capacidad de responder de...», y esta capacidad se entrena desde pequeños, ya desde los dos años un niño puede ir aprendiendo a responder de... ¿Y de qué tiene que responder un niño o un adolescente?

- De sus cosas (su ropa, su cama, su habitación, sus toallas, sus libros, sus tareas escolares, sus zapatillas, su plato y sus cubiertos, su almuerzo, su...).
- De sus decisiones (hacer o no hacer, ir o no ir, salir o no salir, estudiar o no estudiar, recoger o no recoger, limpiar o no limpiar, sacar o no sacar...).

Y en este aprendizaje de ir «respondiendo de...», la función del padre y de la madre es fundamental. Si tú, padre o madre, quieres que tu hijo aprenda a responder de sus cosas o de sus decisiones, tienes que dejar que él lo haga o no y que decida lo que él decida. Si quieres que tu hijo se haga responsable, has de dejar que él responda del modo que ha decidido, y si no responde, **nadie va a responder por él**. Es decir, si tiene que sacar su ropa al cesto de la ropa sucia para ser lavada y no la saca, nadie la sacará por él. Y soportar que pasen los días hasta que te pregunten por una prenda y tú les contestes: «Pero ¿la has sacado a lavar?». Esta actitud del padre o de la madre, en ocasiones, cuesta mucho esfuerzo de contención y llega un momento en que no puedes soportarlo y entonces... ¡¡vas y lo haces tú!! Ya ha encontrado a alguien que lo haga por él. Y así no aprenderá responsabilidad.

**Tu hijo aprenderá a «responder de sus cosas y de sus decisiones» en tanto en cuanto nadie lo haga por él. Si hay alguien que lo hace, porque se enternece, se conmueve, se cree lo que le promete, se apiada o se solidariza con el agobio de su hijo, él no lo hará y no lo aprenderá.**

Es un aprendizaje que hay que ir haciendo con el paso del tiempo, desde pequeño, y que, al llegar a la adolescencia, se verá afectado como el resto de las habilidades que haya adquirido en la etapa anterior, excepto cuidar su cuerpo estéticamente, cuidar a sus amigos y utilizar el teléfono móvil para conectarse con ellos y con su mundo. Estas habilidades las mantendrá de un modo consistente durante la adolescencia y la juventud.

Aprender a «responder de...» ha de ser un aprendizaje:

- Eficaz. Que lo que haga lo consiga realizar en un tiempo adecuado.
- Apropiado. Que se haga de un modo aceptable, correcto, adecuado, dentro de unos cánones sociales o de criterios o valores de la familia.

En algunas ocasiones nos encontramos con la sorpresa de que hay niños y adolescentes que nacen con esta cualidad de la responsabilidad, por lo que no tienes que enseñársela; que hacen las cosas sin que se las digas; que desde pequeñitos han sido ordenados y limpios, han estudiado y no has tenido que decirles nada; y que han hecho las cosas sin tener que indicárselas. Les sale hacerlas *motu proprio*, es decir, voluntariamente, y esta cualidad innata, con la que han nacido, permanece durante la adolescencia... ¡¡Toda una suerte!! Pero no son la mayoría, son un porcentaje muy pequeño de la población, pero sí que existen. No obstante, a la mayoría de los hijos, y posiblemente entre ellos tu hijo, hay que enseñarles este hábito de la responsabilidad. Este aprendizaje tiene unas características:

- No es uniforme y progresivo: no es igual para todas las cosas y no va a más cada vez.
- Con igual método y técnica no siempre se obtienen iguales resultados.
- Depende de cada hijo y de la forma de posicionarse y mantenerse del padre o de la madre.
- No siempre se adquiere para todas las cosas y en todas las circunstancias.

- No es un aprendizaje rápido, hay que tener paciencia y serenidad.

Ante un hijo adolescente que ha dejado de realizar sus tareas escolares, domésticas, de higiene y limpieza, etcétera, y que sí las hacía durante su infancia, ¿por dónde hay que empezar para ir enseñándole a «responder de...»? Hay que comenzar por las tareas o situaciones que, si no se llevan a cabo, solo le repercutan a él. Por ejemplo:

- Si no saca su ropa sucia al cesto de la ropa para lavar, no la sacará nadie y por ende no se lavará.
- Si no se lleva el almuerzo al colegio..., nadie se lo llevará.
- Si se ha olvidado un libro en casa..., nadie se lo llevará al colegio.
- Si no se hace la cama durante el día..., nadie se la hará.
- Si no ha guardado su ropa en el armario..., que la busque en el montón de ropa que tiene en la habitación.
- Si no te ha dicho que le compres determinado elemento u objeto que necesita..., aunque tú te acuerdes, no se lo comprarás.
- Si tenía que haberte avisado de que cuenta contigo para que lo lleves o lo traigas a un determinado lugar y no te lo ha dicho, cuando te lo diga, si tú no puedes llevarlo..., tendrá que buscar otra alternativa, pero tú no cambiarás tus planes para ejecutar los suyos, y que no te había comunicado anteriormente.

Te sugiero que pienses bien la tarea, cosa o situación que se va a quedar sin hacer si tu hijo no lo hace, para que tengas la fortaleza y la decisión de no hacerlo por él, y que puedas soportar el impacto de su enfado. Lo mejor es comenzar por pocas cosas, una o máximo dos, de modo que cuando ya vaya aprendiendo a responder de ellas, entonces amplíes a otra y así sucesivamente. Y hay que esperar, por parte de tu hijo, en este aprendizaje: que falle, se olvide, se enfade, se irrite, te reproche o te manipule... En todas las ocasiones te sugiero que **no** le des explicaciones del tipo: «Son tus cosas, es tu responsabilidad, te tenías que haber acordado tú...». Simplemente aprende a «encogerte de hombros» o «poner cara de "no sé qué me estás diciendo"... No estoy pendiente de ello», y espera a que resuelva sus dificultades en este aprendizaje.

Hay situaciones en las que no hacer sus cosas repercute en la familia, en el hogar o en el orden de la casa. Por ejemplo: tiene que responder de recoger la ropa que, durante el día, ha dejado tirada por el salón, la salita, el baño o la entrada... Lo tiene que hacer antes de ir a dormir y decide no hacerlo. ¿Qué ocurre en tal situación? Lo que yo te sugiero es que se le recuerde que la tiene que recoger, una sola vez. Y si no lo hace, entonces la recoges tú, padre o madre, y la llevas en una bolsa al trastero. Si tu hijo quiere alguna prenda de la ropa que no recogió, ha de ir al trastero y buscarla allí.

Cuando haya tenido que ir en varias ocasiones a recoger la ropa al trastero, lo más probable es que la recoja por la noche antes de ir a dormir. Eso sí, lo hará con gesto displicente y con el talante irritado. Pero el orden en la casa no ha de quedar perturbado porque tu hijo decida no responder de sus cosas, en este caso, de su ropa esparcida por las diferentes estancias de tu casa.

A modo de resumen en cuanto al aprendizaje de tu hijo adolescente en «responder de... sus cosas y sus decisiones», te sugiero estas pautas:

1. Si no actúa cumpliendo sus responsabilidades, nadie las hará por él.
2. Permite que tu hijo adolescente acarree con las consecuencias de su propia decisión o conducta.
3. Sugiérele e incluso oriéntalo, pero no hagas tú lo que es responsabilidad de tu hijo.
4. Sé claro y directo, no vayas con rodeos. No des muchas explicaciones ni razonamientos. Expón con claridad de qué quieres y esperas que tu hijo se haga responsable, es decir, sobre qué ha de responder él.
5. Cárgate de paciencia y prudencia.
6. No caigas en la tendencia a exagerar la importancia y el grado de irresponsabilidad de tu hijo.
7. Nadie es perfecto. Tu hijo, posiblemente, fracasará varias veces hasta que empiece a comprender el mensaje de que es suya la responsabilidad de no fracasar.
8. A veces, como padre o madre, has de sufrir alguna «humillación» hasta que tu hijo va asumiendo su responsabilidad (que sus amigos vean la habitación de tu hijo, un número elevado de suspensos, la ropa arrugada que lleva puesta...).

9. Alienta a tu hijo adolescente. No lo desanimes. Dale muestras de que confías en su capacidad de asumir sus responsabilidades.
10. No esperes que tu hijo adolescente sea tan responsable como tú. **No es un adulto.**

Uno de los temas más controvertidos y que dan lugar a preguntas y cuestiones de todo tipo, tanto en las escuelas de padres y madres como en la consulta, es el tema de la habitación. Por este motivo, le dedico un apartado para tratarlo y entender lo que significa la habitación para tu hijo adolescente.

### Su habitación es su mundo

> *«Ya no quiere estar en el salón con nosotros, se aísla en su habitación.»*
>
> *«Llega a casa y se va directo a su habitación, a veces sin saludar.»*

El adolescente, por el proceso que está viviendo y experimentando de cambios y de vivencias nuevas en su vida, siente mucha necesidad de aislamiento, de estar en un lugar donde poder estar en contacto consigo mismo y con quien más le importa, que son sus amigos. Y este lugar, por lo general, suele ser su habitación, y por lo general también con la **¡¡puerta cerrada!!**

Cuando tu hijo era niño, en la etapa anterior de su desarrollo, necesitaba el contacto constante con los adultos de referencia y con sus hermanos o vecinos, y por este motivo acostumbraba a estar constantemente donde estabas tú, proponiéndote jugar o hacer cosas juntos, con la pena de estar oyendo repetitivamente: «Me aburro. ¿A qué jugamos?», «¿Vamos a hacer algo?»...

En la adolescencia todo cambia, aquí en esta etapa **¡¡se aburren estando contigo!!** Siento decírtelo así de claro, pero el adolescente, por lo general, se aburre estando con sus padres. Y si se te ocurre proponerle algún plan, te miran con la cara (que ya conoces) de: «Pero... ¡¡¿qué dices?!!». También es cierto que, en muchas ocasiones, cuando participan a regañadientes en algún plan propuesto por el padre o la madre, como, por ejemplo, ir de excursión, salir al cine, ir a merendar, dar un paseo por una ruta de montaña o de playa, o ir a un encuentro familiar o con amigos vuestros, en muchas ocasiones acaban pasándoselo estupendamente, aunque ellos no lo suelan reconocer, y solo esgrimen un: «¡¡Bueno, no ha estado mal!!». Y tú has sido testigo de que se lo han pasado genial y han disfrutado un montón.

Sigo con la habitación del adolescente.

Este recinto es un reino, su lugar de privacidad y de intimidad, el lugar donde él se aísla y conecta con sus sentimientos, sus emociones y sus pensamientos, donde elabora planes, fantasea con su presente o futuro chico y, sin duda, donde se conecta con sus amigos a través de sus dispositivos electrónicos. Para tu hijo esto es lo normal, ellos son «nativos digitales» y no entienden que no puedan disponer de sus terminales electrónicos, donde se conectan con sus amigos. Este es otro de los temas, junto con el orden de la habitación, que será motivo frecuente de conflicto con los padres.

Al ser la habitación su lugar de privacidad e intimidad, tu hijo espera que tú llames a la puerta de la habitación antes de entrar, situación que a muchos padres les resulta sorprendente y no llegan a entender.

> *«En nuestra casa, siempre han estado las puertas de las habitaciones abiertas.»*

En cada casa se vive de un modo y la mayoría de estos modos son respetables, pero desde el punto de vista evolutivo, tiene mucho sentido que un adolescente desee que se respete su privacidad e intimidad, y para ello desee tener la puerta cerrada y que tú, padre o madre, y también hermanos, llaméis a la puerta antes de entrar. Claro que muchos padres saben o sospechan que, al estar la puerta cerrada, pueden invertir su tiempo en actividades, generalmente mediadas por sus dispositivos electrónicos, que les hagan distraerse, pero esto será un tema de negociación. Lo que yo comento es la necesidad de privacidad e intimidad, de aislamiento y de introspección que el adolescente desarrolla en el interior de su castillo, que es su habitación.

**Mi sugerencia: no crees un problema porque cierre la puerta. Tú llama antes de entrar y déjale unos segundos para organizarse.**

Su habitación es un lugar que tiene decorado a su gusto y ordenado según sus capacidades y sus necesidades, situación que acarrea, en muchos casos, el conflicto con los progenitores, especialmente con la madre. En referencia al orden en la habitación, he de comentarte que para la mayoría de los adolescentes el orden en su habitación no es una prioridad en sus vidas y, por lo tanto, la mantienen como a ellos les apetece. Esto suele chocar con el criterio de muchos progenitores que creen necesario que se habitúen a ordenar y mantener ordenada la habitación a diario.

Yo te sugiero que si este tema (el orden en su habitación) supone un conflicto diario con tu hijo adolescente, pienses en si vale la pena estar en tensión todos los días y busques alternativas a este conflicto. Por ejemplo:

- Que ordenen la habitación antes de comer o de merendar (al regreso del instituto o del colegio).
- Que ordenen la habitación, por lo menos, un día a la semana y que sea el día en el que le dais la paga económica o tiene que salir con los amigos. Antes de darle la «paga», supervisa que esté ordenada la habitación (según el «modo» de tu hijo).

- No abras los armarios ni los cajones cuando vayas a supervisar la habitación. Tú «échale un vistazo» y no comiences a corregirle en demasiados aspectos del orden.
- Su orden no es el tuyo, por lo que no esperes encontrar la habitación como a ti te gustaría, sino que lo importante, para comenzar, es que se habitúe a ordenar la habitación una o dos veces a la semana, a su estilo y criterio, y luego que vaya poco a poco «perfeccionando la técnica».

No obstante, hay algunas pautas que te sugiero en cuanto al uso de la habitación. Así como es su castillo donde se aíslan y entran en contacto consigo mismos, con sus planes, sus proyectos... y con sus amigos, **no es lugar para comer o cenar**. Creo que no hay que fomentar que puedan llevarse comida a la habitación, sobre todo por motivos higiénicos y sanitarios. Si lo consientes un día, para ellos se convierte en norma y te dicen: «Si siempre lo he hecho».

**Mi sugerencia: estate muy atento a que no coman ni cenen en la habitación.**

Y te animo a que le eches un poco de humor a este tema de la habitación y cuando vayas a visitar a tu hijo a «su reino», hazte a la idea de que vas a llamar a las puertas del castillo en el cual habita tu hijo, y con voz firme y segura de caballero o damisela golpea a su puerta a la voz de «Ah del castillo», y espera a que él te dé paso a sus aposentos... Y tú disfruta de ello.

# 11.
# Eres quien más lo quiere, quien más le amarga la vida y no puedes ser su amigo

*«Hay momentos en que creo que mi hijo viene a por mí.»*
*«Algún día me da la impresión de que mi hijo me odia.»*
*«Parece que se avergüence de nosotros.»*

Así es, es la **cara y la cruz** de la función de ser padre o madre, es la cara y la cruz de una misma moneda el hecho de ser padres. Por una cara, eres quien más lo quiere, pero por la otra, eres quien más le amarga la vida y te dice que lo haces infeliz, y encima... no puedes ser su amigo. Pues **no**, no puedes ser su amigo. Y cuando digo que «le amargas la vida» me refiero al hecho de que eres tú, padre o madre, quien le otorga el derecho a irse o no, a comprar o no, a volver a una hora u otra (a la que todos sus amigos regresan)...; eres tú con quien tiene que negociar sus deseos y proyectos y quien le impide poder decidir libremente y sin que nadie se interponga en su camino. En definitiva...

¡¡eres un fastidio!! Porque le pones límites a sus deseos, que cree ilimitados. Y esto te lo expresa con la frase «Tú me amargas la vida».

¿Por qué eres quien más lo quiere y posiblemente quien más lo querrá en toda su vida? Pues porque, si un padre o madre vinculan amorosamente (crean una ligazón con su hijo basado en el amor) de un modo sano y saludable, con apego seguro, se crea lo que llamamos «vínculo materno/paterno-filial» que tiene el rasgo de ser incondicional. Es decir, que es un amor incondicional, un amor con el que, te haga lo que te haga tu hijo, puedes enfadarte, puedes montar en cólera, puedes irritarte, puedes sentirte decepcionado, a veces humillado o engañado, o puedes necesitar incluso estar unas hora sin verlo porque «¡¡Si no, no sé qué puedo decir o hacer!!». Y aun así, no puedes dejar de amarlo, de preocuparte por él, de estar pendiente de si ha venido o no, de interesarte por su salud, de necesitar besarlo, tocarlo o abrazarlo aunque no te deje... Y a pesar de los enfados o sinsabores que proporciona a tu vida, esta sigue teniendo sentido gracias a que él está en tu día a día... Es un **amor sin condiciones**, sin transacción, sin apenas o, en determinados momentos, sin nada de reciprocidad y sin que te den nada a cambio, y, aunque necesites esa pequeña reciprocidad, con «poco» que te den se restablece automáticamente el amor por tu hijo. Este tipo de amor, este tipo de vínculo amoroso, solamente se produce entre padres e hijos. Y es igual para cada hijo que tengas. Aunque tengas varios hijos, el amor del padre o de la madre no se divide, no resta, sino que se multiplica, crece con cada hijo en igual medida e intensidad por cada uno de ellos. Lo que sí disminuye conforme tienes más de un hijo es el tiempo que les puedes dedicar, porque hay que distribuirlo entre dos, tres o más...

Este vínculo amoroso de padres a hijos que conlleva un amor incondicional se establece desde cuando llega tu hijo a tu vida, desde cuando te das cuenta de que depende de ti y que tu vida ya está organizada en función de él, desde que te mira y te sonríe, desde que te coge de tu dedo y ya no lo suelta, desde que te busca, te llama, te necesita y se calma cuando lo coges en tus brazos... y es ¡¡para toda la vida!! Llega, incluso, a ser de tal intensidad que algunos padres y madres me han dicho que «darían la vida por su hijo». Amor sin medida.

Pero este vínculo amoroso incondicional tiene sus riesgos, y es que tu hijo se da cuenta de ello desde pequeño y va aprendiendo estrategias de manipulación afectiva para conseguir sus objetivos, en las que caes fácilmente. Al igual que tú vas conociendo a tu hijo desde que llega a tu vida y a tu casa, tu hijo te va conociendo a ti, y va descubriendo tus «puntos débiles afectivos», lo que yo llamo «las teclas afectivas» que tiene que tocar para que suene la melodía amorosa en tu pensamiento y te enternezcas, te conmuevas, te convenzas, te ilusiones, te creas sus promesas, te... y caigas en las redes amorosas que ha desplegado con el único objetivo de conseguir lo que desea y que tú se lo vas a permitir, otorgar, dar, consentir, financiar o firmar... Y tú, ¡¡como lo quieres tanto!!, pues te dejas invadir por ese halo de amor incondicional... Y ¡¡zas!! ¡¡Caes en sus redes!! Y le permites, le otorgas, le consientes, le financias, le firmas... y «¡¡le das otra oportunidad!!», y ¡¡hasta la próxima!!

Por todo esto es necesario, en la educación de tu hijo, **la otra cara de la moneda**, la cara de «**Me amargas la vida**», o «No soy feliz en casa», o «En casa no soy libre», o «No hay padre –o madre– como tú» o «Todos los padres de mis amigos son mejores que tú». ¿Por qué dice que le amargas la vida? Pues porque, en definitiva, eres tú quien le tiene que dar permiso, otorgarle, financiarle, comprarle, dejarle, etcétera, y cuando no lo consigue como él espera, pues te conviertes en su adversario, en aquel que le impide hacer o decidir lo que él quiere; en su enemigo. Y es en ese momento cuando surgen sus reacciones de frustración, que te las expresa con su mirada, su cuerpo, sus gestos, su desafío, sus portazos, sus reacciones impulsivas, sus respuestas verbales no adecuadas, etcétera.

Tú le amargas su vida, según el adolescente siente, porque no consigue lo que quiere, porque no puede llevar a cabo el plan que había trazado en su mente, sin contar contigo ni con nadie. Porque no le compras lo que él creía que sí ibas a comprar y que ya lo había comentado con sus amigos. Porque le recuerdas las tareas que tiene que hacer en casa y no le das el teléfono móvil hasta que termine. Porque había quedado con sus amigos y tú has de irte y tiene que cambiar sus planes. En fin... por cualquier cosa o decisión unilateral que él ha tomado y que tú le impides llegar a conseguir, y esto provoca su conducta de frustración, que, una vez pasado un tiempo no muy extenso, suele aceptar y entonces sale de su habitación «como si no hubiera pasado nada», después de haber dejado un reguero de gritos, portazos, patadas, golpes a la pared o a la puerta, u otras reacciones de frustración que agotan a cualquiera. Tras un tiempo, está tan tranquilo y te mira como diciéndote... «No sé por qué estás enfadado», y tú sigues con una taquicardia y un ajetreo en tu mente que no sabes qué decirle ni qué responderle, porque ¡¡si le respondes en ese momento...!! ¡¡¡Ufffff!!! Hay que respirar. Por esto eres, en ese momento, «quien más le amarga la vida», y lo hace infeliz. Tú has de aprender a que esta percepción de tu hijo es por unos minutos o un ratillo... No le des tanta importancia cuando te lo diga.

> *En muchas de mis conferencias, cuando hablo de este tema les digo a los padres: «Si un día tu hijo te dice: "Tú me amargas la vida", piensa para tus adentros: "¡¡Bien!!, lo estoy haciendo bien"». Y respira hasta serenarte (suelen responder con una sonora carcajada).*

Como ya he comentado en anteriores capítulos, si educas solo con el amor, corres el riesgo de sobreproteger y favorecer la conducta de tiranía en la adolescencia y la debilidad de personalidad en la vida adulta. Y si educas solo con la autoridad, que le puede llegar a frustrar frecuentemente y sin momentos amorosos, corres el riesgo de favorecer un desarrollo emocional y una personalidad normativa, rígida y estricta. Lo más saludable es que tu hijo tenga la experiencia saludable de que su progenitor es alguien que lo ama y lo quiere incondicionalmente y, a su vez, es capaz de decirle que no a determinados planes, propuestas, sugerencias, decisiones, etcétera. Esta combinación ayuda enormemente a tu hijo a sentir la seguridad del **amor** y la seguridad de la **autoridad**.

Y además... durante el tiempo de crianza y de educación **no puedes ser su amigo**. ¿Por qué comento esta característica en tu relación con tu hijo? Lo respondo desde mi experiencia clínica y profesional, sumado a que muchos padres me han corroborado esta incompatibilidad. Y es que, como ya he comentado anteriormente, el vínculo amoroso paterno/materno-filial conlleva incondicionalidad, y el vínculo de amistad conlleva reciprocidad y libertad (no autoridad, ni exclusividad), por lo que ambos vínculos son incompatibles: **o eres padre o eres amigo.**

De un amigo no se espera ni se tolera que sea quien que le permita, le otorgue, le deje, le conceda, le limite, le firme, le... Y si lo hace, el adolescente responde: «¡¡Pareces mi padre –o mi madre–!!», y no suele prosperar esa relación de amistad «sometida».

Y de un padre el hijo espera que sea una fuente de **amor** y de **autoridad** que lo lleva a sentirse **seguro** a su lado. Tu hijo adolescente espera de ti, padre o madre, un rol de adulto que lo guíe, lo conduzca, lo oriente, lo contraste, lo limite, le sugiera, le negocie, etcétera, que aunque en un momento determinado, o en épocas determinadas, puede provocar reacciones de frustración conflictivas y agotadoras, sin embargo, emocionalmente imprime y lo impregna de una experiencia de seguridad de la que todavía no es consciente: «Al lado de mi padre estoy seguro porque se preocupan por mí y por mi vida». Otorgar, conceder, premiar, permitir, financiar, comprar... sin límites, creyendo que así tu hijo va a ser más feliz y que te va a querer más, y más «colegas vamos a ser», es un **tremendo error** educativo. Tu hijo espera de ti una conducta de alguien que se preocupa por su felicidad, pero también por su seguridad y por su bienestar físico, emocional, social y profesional. Y ambas funciones conllevan momentos de mucho amor y momentos de autoridad sin titubear, dando seguridad y protección, aunque se rebelen.

> *En una ocasión, en consulta, hablando con una chica adolescente de tercero de la ESO, me comenta sorprendida: «Antonio, he suspendido seis asignaturas en junio, ¡¡y no ha pasado nada!! ¿Qué tengo que hacer para que pase algo?». Sentí auténtica pena, porque el mensaje emocional que contenían sus palabras era: «No les importo a mis padres».*
>
> *Seguidamente le pregunté que qué creía ella que debía haber ocurrido, y me respondió lo que esperaba que su padre o su madre hubieran hecho o dicho.*

*Aunque no le hubiera gustado y lo hubiera discuti-
do, se hubiera quejado, se hubiera ido pegando un
portazo, e incluso se hubiera rebelado..., pero... algo
tiene que pasar cuando algo no está bien, y el adolescente lo sabe. Espera un adulto que lo guie y lo recon-
duzca. No un colega que lo justifique.*

## No eres su colega, eres su padre.

Aunque te resulte llamativo porque lo ves crecido, grande,
resolutivo..., el adolescente no sabe qué es lo mejor o lo que
más le va a ayudar a crecer, lo que más le va a proteger, lo
que más le va a hacer feliz o lo que más lo va a potenciar
como persona o a favorecer su mundo profesional y personal futuro. Necesitará guías, orientadores, educadores y entrenadores para la vida, y para responder a esta necesidad de
todo adolescente están, en un primer plano y especialmente,
las figuras parentales, el padre y la madre; y en un segundo
plano, otras figuras que también intervienen en el desarrollo
físico, emocional, afectivo, social, personal y profesional de
cada chico, como son otros miembros de las familias de origen de los padres (abuelos, tíos, primos...), los profesores,
los tutores, los entrenadores, los amigos de los padres, los
vecinos, etcétera, que pueden ser figuras de referencia para
la vida de tu hijo adolescente.

    ¿Dónde está el problema? Pues que tu hijo se va hacien-
do mayor y cree que es **omnisciente** (que lo sabe todo),

**omnipotente** (que lo puede todo) e **invulnerable** (que no le va a pasar nada), y tu opinión, tu palabra, tu punto de vista, tu sugerencia, tu orientación, tu experiencia, tu estrategia de resolución de los conflictos, tus gustos y tus criterios los va a ver obsoletos, anacrónicos y pasados de moda. **Pero... necesita oírlos,** que se los digas, que lo cuestiones, que le negocies y, en determinados casos y momentos, que le impidas seguir por el camino que ha emprendido. Y esto es difícil, especialmente si se trata de un hijo adolescente con necesidad de mucha afirmación del **yo** con mucha autonomía, mucha independencia y muy determinado. En estos casos, hay que armarse de paciencia infinita, serenidad, calma emocional, lucidez de pensamiento y estrategias que se ajusten a la realidad, es decir, que se ajusten con lo que contamos, no con lo que nos gustaría contar.

La adolescencia es una vorágine de vida que viene, como los ríos, desde el nacimiento, poco a poco, cogiendo fuerza y energía, y entonces llega a la zona de «rápidos» (olas grandes, torbellinos, sifones...) y necesita **contención**. El adolescente necesita contención, algo parecido a la función de los muros de contención que ejercen las laderas de las montañas por donde discurre el «agua brava» que baja con fuerza y crecida, y es dirigida hacia la desembocadura. Esta función de muro de contención, como las laderas de las montañas, la tienen que realizar el padre, la madre, las figuras de referencia, la escuela y la sociedad. Si no, se corre el riesgo de que «se desparrame» el agua por los lugares más insólitos e inhóspitos de su recorrido hasta la desembocadura (vida adulta).

Esta función, al llegar la adolescencia, entraña en muchos casos una dosis alta de frustración en el padre o la madre porque parece que toda la educación desarrollada en los once-doce años anteriores desaparece y se «esfuma». Y cierto es que, en muchos casos, queda tan difuminada que parece que haya desaparecido y no queda rastro de ella. En mi experiencia profesional me he encontrado, en muchas ocasiones, con padres y madres que se han visto desalentados, desconcertados y frustrados al llegar la adolescencia de su hijo. Durante su infancia los han ido educando, entrenando y preparando, les han enseñado responsabilidad (responder de sus cosas y decisiones), los han reforzado, validado y fortalecido emocionalmente..., y al llegar la adolescencia, parece que **todo se desvanece**, y no dejan de tener su parte de razón porque, viendo la conducta de su hijo adolescente, me dicen: «No reconozco a mi hijo». Durante cinco-seis años, parece que todo se haya diluido, esfumado y evaporado, y que no haya posibilidad de que vuelva. No obstante, las apariencias nos engañan por unos años, ya que posteriormente vuelve todo lo aprendido, trabajado, reforzado, validado, enseñado y entrenado, pero en un cuerpo y una mente de joven que tienen que ir creciendo y madurando todavía por algunos años. Continúa la maduración de tu hijo joven y van desapareciendo los rasgos de adolescente con los que has tenido que convivir, soportar, aguantar, callar, resoplar, respirar profundamente...

No hay que desanimarse ni tirar la toalla. La vida se abre camino y tu hijo se hace mayor, llega la juventud y lo verás crecer y marchar de casa para hacer su propia vida... **Es el ciclo de la vida**.

# 12.
# Tú, padre o madre, eres lo mejor que tiene tu hijo, aunque no te lo creas

*«Tu hijo lo sabe, pero no te lo dirá.»*

Cuando tu hijo adolescente era pequeño, por lo general, te decía con mucha frecuencia que te quería más que a nadie o que te quería mucho mucho. Y si tú le contestabas: «Yo más», él te respondía con un «Yo más que tú». Y este sentimiento sigue estando dentro de tu hijo, ahora también, en su adolescencia; pero queda camuflado, diluido, disimulado, difuminado y cuestionado por tantos procesos, tantas experiencias nuevas, tanta novedad en su vida, tanta inseguridad, tanta incertidumbre, tanta necesidad, tanto influjo y tanto cambio, que puedes creer que no te necesita, que te ha dejado de querer o que no le importas, pero, en realidad, está descubriendo su nuevo modo de vivir los sentimientos, que también están sometidos a los cambios que tu hijo está experimentando.

Pero, para mí, como profesional de la psicoterapia y de la terapia familiar, lo más importante en la adolescencia de tu hijo, además de todo lo que hemos tratado en los capítulos anteriores, es que **tú creas que eres lo mejor que tiene tu hijo** en estos momentos de su vida. Lo puedes hacer mejor o peor, más acertada o desafortunadamente, más estratégicamente, más o menos oportunamente, con mayores o menores conocimientos, más desanimado o con mayor o menor ilusión, más o menos cansado, más participativo o menos; pero... tú eres su soporte, su anclaje en este mundo y en la realidad. Tú eres quien está pendiente de él, quien se preocupa, quien se adelanta, quien sufre si no llega, quien va a hablar con el tutor, quien lo cuida, quien lo empuja a volar, quien lo escucha cuando viene a hablar a la hora más inoportuna y desafortunada. Tú eres el primero en quien piensa cuando algo grave le sucede y le angustia. Sabe que estás ahí y vas a seguir estando porque lo quieres con amor incondicional. Tu hijo te necesita en su vida, aunque sea para discutirte, para rebatirte o para chocar contigo como muro de contención. Te necesita de referencia, aunque sea para consultar tu opinión y luego hacer lo que le dé la gana. Necesita la pared del frontón contra la que lanzarse como una pelota díscola. Si tú no estás, él no sabe a quién dirigirse, a quién rebatir, a quién mirar con la mirada fulminante de «¡¡qué asco!!». Si no estás en su vida, en casa, llamándolo, insistiendo, recordándole, preguntándole, agobiándolo, merodeando alrededor de su habitación para saber «qué estará haciendo»... si no estás en todo esto, tu hijo adolescente se queda sorprendido emocionalmente y perplejo ante la pasividad o la inhibición de sus padres, surcando en sus entresijos emocionales un mensaje de duda acerca de su valor y de la valía que tiene para ti. Te necesita, aunque sea para pelearse contigo y afirmar su **yo**. Si no estás, está «perdido» en la encrucijada que supone crecer, madurar, hacerse mayor, crear su estilo, su modo de vida, sus opiniones, sus creencias, sus valores, sus gustos, su punto de vista, su... Si no estás o no intervienes en su vida porque es agotador, tu hijo se queda esperando encontrar a alguien con quien poder llevar a cabo todos los procesos que tendría que haber hecho contigo, y que lo van a conducir a su maduración, su crecimiento y su desarrollo como persona.

> **En la adolescencia de tu hijo, por muy agotadora que sea, no puedes salir de su vida, apearte del carruaje, porque él te necesita como referencia, como anclaje, como pared, como lugar donde refugiarse, o simplemente como la figura con la que se tiene que pelear porque eres un «pesado». Te necesita a ti, a su padre o a su madre.**

Y sí, ya te estoy oyendo... «¡¡Es que... dura cinco o seis años!!». Y hay momentos de auténtico sufrimiento, de agotamiento absoluto y desconcertante, y de desánimo y desaliento en los que crees que todo está perdido y que ya no hay futuro para tu hijo. Momentos o etapas en las que te planteas: «¿Qué habré hecho mal?», o te preguntas: «¿En qué me he equivocado?», y crees que los éxitos o los fracasos de tu hijo son tu única y total responsabilidad.

Sé que existen estos momentos, estos interrogantes y estas incertidumbres. No obstante, he de decirte, también desde mi experiencia profesional, que yo he atendido situaciones de adolescentes en las que el padre o la madre estaban totalmente desalentados, desanimados, descorazonados, frustrados y sin aliento ante la conducta y las decisiones que realizaba o tomaba su hijo en aquella época. Y para mi gran alegría y satisfacción, los he podido volver a ver al cabo de quince o veinte años y he constatado que aquel adolescente insensato, indolente, desmotivado y sin rumbo había encontrado su camino y, ya siendo adulto, tenía su trabajo (en muchos casos, inimaginable para sus padres), sus proyectos, sus ilusiones, su pareja... e incluso ya gozaba de algún hijo propio. Una auténtica dosis de energía y de optimismo para seguir transitando, junto a ti, padre o madre, la etapa más complicada de la vida. Pero ¡¡sí!! Son cinco o seis años, a veces, malos o muy malos. No hay que desanimarse.

En este proceso de **estar en la vida de tu hijo** adolescente, te sugiero varias herramientas personales para que las pongas en práctica y te protejas en el camino que has de recorrer junto a él:

1. **No te compares con otros padres** ni con otras familias, ni compares a tu hijo con otros hijos. Cuando te comparas, te sueles comparar con alguien a quien le va mejor, o cuyo hijo aprueba más o logra más, o que no tiene problemas con su adolescente... En todos los casos, corres el riesgo de quedar por debajo, inferior,

peor, incompetente, incapaz y con un hijo diferente a los demás. Y, por lo general, se tiende a generalizar, es decir, a pensar que a la mayoría les va mejor, y que lo que te pasa a ti les pasa a muy pocos. Si sigues por este camino de la comparación, acabarás muy frustrado, y este sentimiento se suele convertir en reproche y resentimiento hacia quien es la fuente de dicha frustración, que será tu hijo adolescente. Lo mirarás de otro modo: con rencor, con resentimiento... No sigas por este camino. Tú eres tú y tu hijo es tu hijo, y sois únicos e irrepetibles. ¡¡Fuera comparaciones!!

2. **No hables mucho de los logros y éxitos de tu hijo, y tampoco hables mucho de sus fracasos y sus errores.** Ni alardees ni te victimices. Tú lo estás haciendo (ejercer de padre) lo mejor que sabes y puedes, y lo estás haciendo según tus características personales, tus conocimientos, tu historia personal y la «mochila» que llevas de tu vida, tu tiempo, tu trabajo, tu capacidad, tus cualidades y tus limitaciones. Ni tienes que dar lecciones ni te las tienen que dar. Si oyes a algún padre alardear de los logros y éxitos de su hijo adolescente, toma distancia emocional y física de esos comentarios. Tú lo estás haciendo lo mejor que sabes y puedes.

3. **No consultes a tus amigos sobre alguna situación o dificultad acerca de tu hijo,** excepto que sean de mucha confianza y **muy empáticos.** Tienden a darte sabios consejos, orientaciones pertinentes, pautas acertadas y sugerencias; te ofrecen indicaciones de

por dónde tienes que ir y gestionar la situación que ha sido objeto de análisis. Y aunque lo hacen con cierta buena voluntad, lo hacen desde su experiencia personal, que, por lo general, no es válida para otras situaciones o adolescentes, por eso es una opinión «personal» y no se puede generalizar.

Si has de consultar a alguien acerca de una situación de tu hijo adolescente, te sugiero que lo hagas con un profesional de tu confianza. Y si necesitas una segunda opinión, no dudes en buscarla.

4. **Siéntete competente y capaz.** Todos los padres y madres que han tenido hijos y que han pasado por la adolescencia, todos, han salido adelante. Y tú también saldrás adelante. Cierto es que algún adolescente se ha «descarriado» y se ha salido del camino de la vida saludable, pero son la minoría de las minorías. La gran mayoría de los adolescentes salen adelante y con éxito en su vida. Incluso de los que han pasado por una adolescencia complicada, la mayoría se han reconducido y han logrado encontrar su camino hacia su crecimiento y desarrollo personal.

5. **Los resultados de la educación de un hijo se ven a largo plazo.** La educación de un hijo es como una carrera ciclista: tiene pequeñas metas volantes, pequeñas colinas o grandes puertos de montaña como la adolescencia, etapas fáciles, otras más difíciles y días de descanso. Pero quien termina la carrera, no quien la gana, sino quien llega a la meta, es quien llega con

la suma y el cómputo de todo lo vivido desde el comienzo. La educación de un hijo no depende de una etapa, de haber logrado llegar primero a un puerto de montaña o haber conseguido más distancia del pelotón... No. El campeón **no es quien llega primero**, sino quien ha realizado la carrera sumando y a veces restando puntos, con esfuerzo y tesón, pero logra llegar a la meta tras superar todas las etapas.

6. **«Tiempo de descanso de tu hijo adolescente.»** Si llega un momento complicado o insoportable, te cuesta contener la tensión o la convivencia con tu hijo adolescente se torna difícil y ya no tienes energía para poder mantenerte sereno, te sugiero tomarte un tiempo (breve) de descanso, de distancia física y emocional con tu hijo adolescente. Se trata de un tiempo sin discutir, sin rebatir, sin corregir, sin estar pendiente de lo que hace, dice, sale y entra, de cómo se viste, cuándo se ducha, o qué come y cena, de adónde va... ¿Y cómo hacer esto? Hay tres alternativas:

1. Que tu hijo se vaya unos días a casa de algún amigo o familiar y todos descansáis.

2. Que te vayas tú u os vayáis vosotros solos unos días a algún lugar y todos descansáis.

3. Si nadie puede irse, entonces lo más práctico es **«tomarse un fin de semana»** sin normas, sin pautas y sin cosas que hacer, solamente proponer y negociar unas reglas mínimas de convivencia para todos, por ejemplo:

- Hora de salir y regresar por la noche.
- Horas de silencio por la noche.
- Traer o no amigos a casa.
- No fumar o beber alcohol en casa.
- Y poco más.

El resto de lo que se haga y cómo se haga durante el fin de semana no ha de ser objeto de comentarios, análisis, críticas, etcétera. Se trata de crear un tiempo de tregua en la convivencia familiar.

No te agobies más de la cuenta esperando que las cosas vayan siempre bien o que tu hijo vaya a conseguir siempre llegar el primero a la meta volante. El resultado final, el éxito en la vida, como ya te he comentado antes, no es llegar el primero a la meta, sino haber resuelto todos los obstáculos en el camino, aunque no llegues el primero. Lo que importa es que tu hijo a los veintitantos años esté preparado para la vida. Y a veces esa preparación y ese camino de aprendizajes han transitado por un camino recto; otras veces, por una circunvalación más lenta; y en otra ocasión, has tenido que subir y bajar por una montaña, cuando había un túnel que la atravesaba y acortaba el recorrido. Pero al final tu hijo ha llegado a la meta. Lo que importa no es el tiempo invertido en el recorrido, sino que ha llegado a la meta: ¡¡este es el éxito!!

No quiero caer en un optimismo sin control. Soy consciente y he vivido experiencias profesionales en las que la adolescencia de un hijo ha sido tremendamente complicada, sufriente y, en cierta medida, traumática. Son las menos, pero las hay. Y en estos casos, siempre sugiero que ajustes expectativas, que no esperes algo o propongas llegar a alguna meta a la que sabes de antemano que no se va a poder llegar. En algunas ocasiones de adolescencia complicada, el objetivo no es mejorar, sino que no empeore la situación. Y para aceptar esta realidad hay que tener mucha lucidez mental, serenidad, prudencia y ajuste de expectativas.

**He tenido la suerte de ver adolescentes
complicados que en su día hicieron sufrir
a su padre o a su madre durante su adolescencia,
y al paso de los años son:**

**– Gerentes de empresas
– Directores de colegio
– Profesoras de instituto
– Expertos en idiomas
– Comerciales internacionales
– Psicólogos
– Maestros
– Fisioterapeutas
– Actores
– Músicos
– Químicos
– Guías turísticos
– Diseñadores
– Y muchas otras profesiones...**

Y después de pasar la adolescencia, al cabo de unos años, cuando tu hijo sea joven y posteriormente adulto, es cuando tienes que aprender a **salir de su vida** y dejar que él sea el que la vaya viviendo y decidiendo como crea conveniente y oportuno. Tienes que aprender a irte del escenario en donde has estado durante más de veinte años y que ahora es el escenario de la obra de teatro de tu hijo (su vida), cuyo protagonista es él, porque es su vida y su obra. Para explicártelo un poco mejor te expongo:

## La metáfora del escenario

La crianza y la educación de un hijo es como una obra de teatro representada en un gran escenario. Te pasas alrededor de veinte años de **coprotagonista** junto a tu hijo, en el gran escenario, interpretando y desmenuzando el guion de su vida. Después de estar ahí, siempre, en la vida de tu hijo, viendo cómo crece, cómo se desarrolla, cómo juega, hace amigos, estudia, hace deporte y disfruta, estando a su lado en los buenos y en malos momentos, de coprotagonista con él, en su vida, en torno a los veinte y antes de los veinticinco años, has de saber irte de su vida, de su escenario, de sus planes y proyectos, de sus decisiones, de «su guion», que, a partir de este momento, él irá elaborando y escribiendo progresivamente. Pero... ¡¡ojo!! No has de marcharte del teatro y dejarlo solo. No, no has de irte del teatro, has de aprender a **irte de su escenario**... ¿Y a dónde te vas? **A las bambali-**

**nas**, detrás de los telares, a la tramoya..., lugar donde clásicamente estaba el apuntador. Tu hijo seguirá en su escenario, con sus amigos, su pareja y su gente, que van a ser ya los coprotagonistas, junto a él, de sus etapas posteriores. Tú, padre o madre, estarás siempre en la vida de tu hijo, pero desde otro lugar, favoreciendo su autonomía, su independencia y la autogestión de su vida. Y tú, estando entre bambalinas, desde allí, con el «guion de la vida» en tus manos, que tú ya has vivido, desde allí lo puedes guiar y orientar siempre que te consulte, porque «se ha olvidado del párrafo que tenía que decir» y tú se lo puedes iniciar, susurrar, guiar, apoyar, estimular u orientar con el guion, pero sin intervenir y sin salir al escenario, porque la obra que se está representando es la de tu hijo. Le toca a tu hijo ser el único protagonista de su vida y que lo acompañe quien él vaya decidiendo.

Y tras unos años más, en torno a los treinta o treinta y cinco, años tendrás que abandonar las bambalinas... ¿para irte adónde? **A los camerinos.** Y desde allí, abajo o cerca del escenario (que es donde suelen estar), escucharás los aplausos, las risas, los silbidos y los «bravos» por la representación que está desarrollando tu hijo, y disfrutarás de ver cómo le va la vida. Y al acabar la representación de ese día, cuando vaya al camerino, te encontrará a ti para darle la enhorabuena y para alegrarte por el éxito logrado, o para consolarlo y apoyarlo en las dificultades sufridas. Y algún día, más adelante, tendrás que irte del teatro tranquilamente **a tu casa** y esperar a que te traiga a tus nietos y disfrutar de ellos, porque tu hijo ya es adulto y gestiona su vida. Y estarás disfrutando de su buen hacer, confiando en que lo va a hacer estupendamente y que va a salir adelante, y sabiendo que está preparado para afrontar la vida (y en cuya preparación y entrenamiento para la vida has tenido tú un papel también protagonista).

**Es el momento de FELICITARTE por tu obra de teatro escrita, vivida y experimentada.**

# *Agradecimientos*

A todos los padres con quienes he compartido conferencias, cursos, talleres, escuelas de padres y madres, etcétera, y que tanto he aprendido de ellos mientras escuchaba sus preguntas, atendía sus inquietudes y compartía sus preocupaciones.

A todas las familias a las que he atendido en mi consulta clínica durante más de treinta años de trabajo profesional y que han tenido la confianza de compartir su vida, sus sufrimientos y las situaciones que les hacían vivir preocupados.

A todos los adolescentes que he atendido en la consulta y que me han descubierto sus miedos, su dolor, sus ilusiones, sus proyectos, sus frustraciones, sus ganas de vivir... Ha sido y está siendo una auténtica fuente de aprendizaje el escucharlos, compartir y aprender con ellos.

A todos los niños, adolescentes, jóvenes y monitores y padres colaboradores de todos los centros juveniles con los que he tenido la gran suerte de compartir creatividad, proyectos espectaculares y vivencias entrañables durante tantos y tantos años.

A todos los componentes de las AMPA, equipos directivos, juntas de gobierno de los colegios, institutos, Ayuntamientos, asociaciones, federaciones y entidades públicas y privadas que me han dado la oportunidad de poder ofrecer mis conocimientos y experiencias en la formación de madres, padres, maestros y profesores.

A todos mis compañeros de profesión con los que he compartido inquietudes, dudas, supervisión, formación..., y de los que he aprendido tanto.

A mi hermana Bárbara y a mis sobrinas Marta y María, por su apoyo y la ilusión que ponen en todos los proyectos en que participo. Siempre están ahí.

A Edu, porque compartimos el camino de la vida, me comprende, me soporta con paciencia y me recoge con cariño en sus brazos. Porque me acompaña en todos mis proyectos al hacerlos suyos, porque me lanza por las redes sociales todos los lunes y porque ha estado a mi lado en la elaboración de este libro. Junto a él, todo es más fácil.

A mis amigos diseminados por la geografía española (Valencia, Burriana, Madrid, Alcoy, Elche, Alicante...), por su apoyo, su ilusión, sus sonrisas y la admiración que detecto en sus miradas cuando les propongo cualquiera de mis «proyectos locos».

A mi maestro en terapia familiar y de pareja, José Antonio Ríos González, por todo lo que me enseñó y lo que aprendí a su lado. Por la admiración que suscita en mí y que todavía le sigo profesando, aunque se haya marchado de nuestro mundo.

## Agradecimientos

A Víctor Blanco, coordinador educativo de Aprendemos juntos, que me dio la oportunidad de participar en una entrevista de su programa, y porque desde entonces no ha dejado de animarme, de confiar en mi persona, en mis conocimientos y en mis capacidades. Gracias, Víctor, porque «me empujas sin miedo».

A Jordi Nadal, alma y corazón de Plataforma Editorial. Porque, sin conocerme, escuchó a Víctor y apostó por mi trabajo. Gracias, Jordi, porque según tus palabras «eres perro viejo con buen olfato que detecta fácilmente dónde hay buen material», y... me diste la oportunidad de publicar este libro en tu editorial. Eres un soñador en grande.

A Maria Salvador, mi editora. Gracias, Maria, por haber estado a mi lado en la elaboración de este libro. Por tu capacidad de acompañar desde la libertad, por tus sugerencias siempre abiertas, por tu ánimo, tu empuje y la ilusión que me has transmitido en la elaboración de este libro.

# Bibliografía

ALBERCA, F. *Guía para ser buenos padres de hijos adolescentes.* Edit. Toromítico, Madrid 2013.

BAYARD, R.T. Y BAYARD, J. *¡Socorro! Tengo un hijo adolescente.* Edit. Temas de hoy, Madrid 2000, 17ª Edición.

BACH COBACHO, E. *Adolescentes «Qué maravilla».* Edit. Plataforma, Barcelona 2008. 17ª Edición.

BOWLBY, J. *Vínculos afectivos: formación, desarrollo y pérdida.* Edit. Morata, Madrid 2014.

CASTILLO,G. *Claves para entender a mi hijo adolescente.* Edit. Pirámide. Madrid 2003.

COVEY, S. *Los 7 Hábitos de los adolescentes altamente efectivos.* Edit. De Bolsillo, Barcelona 2012.

DEL PUEYO, B. y SUAREZ, R. *La Buena adolescencia.* Edit Grijalbo. Barcelona 2013.

DREIKURS, R. et Al. *Children: the Challenge: The Classic Work on Improving Parent-Child Relations–Intelligent, Humane, and Eminently Practica*l. Edit. Plume. U.S.A. 1991. Reedición.

FABER, A. y MAZLISH, E. *Cómo hablar para que los adolescentes le escuchen y cómo escuchar para que los adolescentes le hablen.* Ed. Medici. Barcelona 2009.

FUNES, J. *9 ideas clave. Educar en la adolescencia.* Edit. Grao. Barcelona 2010.

LURI, G. *Mejor Educados. El arte de educar con sentido común.* Edit. Ariel. Barcelona 2014.

RODRIGO, A. *Cómo prevenir conflictos con adolescentes. Claves para una convivencia feliz.* Edit. Plataforma. Barcelona 2021.

ROYO, J. *Los rebeldes del bienestar. Claves para la comunicación con los nuevos adolescentes* Ed. Alba. Barcelona 2009, 2ª Ed.

SHANNON, C.E. *Una teoría matemática de la comunicación.* Bell System Technical Journal. New York, 1948.

SOLER, E. *Convivir con un adolescente es fácil... ¡Si sabes cómo!.* Edit. Plataforma. Barcelona 2020.

URRA, JAVIER *El Pequeño dictador* Edit. La esfera de los libros, Madrid 2006, 9ª edición.

VALLEJO-NÁGERA, A. *La edad del pavo. Consejos para lidiar con la rebeldía de los adolescentes.* Edit. Temas de Hoy, Madrid 1997.

WOLF, A.E. *No te metas en mi vida. Pero antes, ¿me llevas al burguer?.* Edit. Alfaguara, Madrid 2001.

Con humor, cercanía y mucha naturalidad, los capítulos de este libro realizan un viaje por la paternidad, analizando las claves que favorecen la crianza de niños autónomos y proporcionando alternativas y ejemplos para cada edad, de forma integrada en el día a día y sin dramas (ni para los padres ni para los hijos).

Con rigor y un punto de humor, este libro analiza
el fenómeno de los hiperpadres y da claves para la práctica
del *underparenting* o la sana «desatención»: relajarse,
confiar en tus hijos y dejarlos más a su aire.